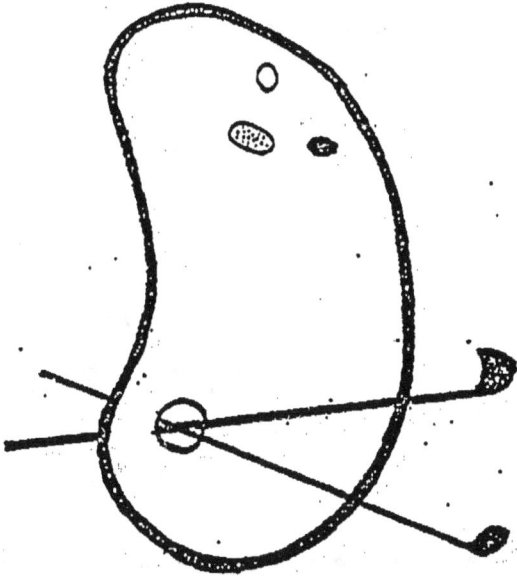

BOSSUET

ORAISON FUNÈBRE

DE

HENRIETTE D'ANGLETERRE

DUCHESSE D'ORLÉANS

ÉDITION PUBLIÉE
AVEC UNE NOTICE, DES NOTES ET DES APPENDICES

Par A. RÉBELLIAU

Agrégé des lettres
Professeur à l'École normale supérieure de St Cloud

PARIS
LIBRAIRIE HACHETTE ET Cie
79, BOULEVARD SAINT-GERMAIN, 79

BOSSUET

———

ORAISON FUNÈBRE

DE

HENRIETTE D'ANGLETERRE

DUCHESSE D'ORLÉANS

A LA MÊME LIBRAIRIE

Bossuet : *Oraisons funèbres,* accompagnées d'une Introduction, et publiées avec des notices et des notes par
M. Rébelliau (*sous presse*). 1 vol. petit in-16, cart. 2 fr. 50

— *Sermons choisis,* texte revu sur les manuscrits de la
Bibliothèque nationale, et publié avec une introduction,
des notices, des notes et un choix de variantes par le
même auteur. 5e édition. 1 vol. petit in-16, cart. 3 fr.

33186. — Imprimerie Lahure, 9, rue de Fleurus, à Paris.

BOSSUET

ORAISON FUNÈBRE

DE

HENRIETTE D'ANGLETERRE

DUCHESSE D'ORLÉANS

ÉDITION PUBLIÉE
AVEC UNE NOTICE, DES NOTES ET DES APPENDICES

Par A. RÉBELLIAU

Agrégé des lettres
Chargé de Conférences à l'École normale supérieure de Saint-Cloud

---★---

PARIS

LIBRAIRIE HACHETTE ET Cie

79, BOULEVARD SAINT-GERMAIN, 79

1896

ORAISON FUNÈBRE

DE

HENRIETTE-ANNE D'ANGLETERRE

DUCHESSE D'ORLÉANS

PRONONCÉE A SAINT-DENIS, LE 21 AOUT 1670

NOTICE

Dernière fille de Charles Ier Stuart et d'Henriette Marie de France, Henriette-Anne d'Angleterre naquit le 16 juin 1644, en pleine guerre civile, à Exeter, l'une des dernières villes restées fidèles à la cause royale. Quinze jours plus tard, la reine sa mère, poursuivie par l'armée du Parlement, était obligée de partir pour la France, laissant l'enfant aux soins de la comtesse de Morton. Bientôt après, Exeter capitulait et la petite princesse tombait entre les mains des Parlementaires. Elle y resta deux ans, dans une demi-captivité qui allait s'aggraver lorsque sa gouvernante s'enfuit en l'emportant. Henriette était déguisée en petit garçon de la campagne, et l'on raconte qu'elle rendait plus difficile encore cette évasion audacieuse par son obstination à répéter qu'elle n'était pas un paysan, qu'elle était « la princesse ». Au mois de juillet 1646, elle arriva auprès de sa mère à Paris.

Son enfance dut se passer d'une manière assez austère et plutôt triste. Son éducation fut dirigée par la reine d'Angleterre dépossédée avec plus d'application que la reine d'Angleterre, sur le trône, n'en aurait pu mettre à cette tâche, mais avec beaucoup plus de simplicité aussi. « Le malheur de ses affaires la faisant vivre plutôt en personne privée qu'en sou-

veraine, » comme l'observe Mme. de la Fayette, la veuve de
Charles I⁰ʳ appuyait sans doute, dans cette formation d'une
princesse dont l'avenir pouvait être obscur et difficile, sur une hu-
milité opportune. Passant, on l'a vu, une grande partie de
son temps dans le couvent des Visitandines de Chaillot, elle les
faisait souvent servir au réfectoire par la petite-fille de Henri IV.

Henriette ne fit du reste que gagner à cette discipline
sévère. Elle y acquit, comme dit encore, noblement, Mme de
la Fayette, « toutes les lumières, toute la civilité, toute l'huma-
nité des conditions ordinaires ». En d'autres termes, elle fut
aussi bien élevée — quoique princesse — qu'une bourgeoise;
et elle ne contracta pas dès l'enfance cet orgueil altier et ce
mépris du reste du monde qui faisait, au xvii⁰ siècle, le fond
de l'âme des grands (voyez La Bruyère) et qui était si révoltant
et si ridicule à la fois quand nul mérite personnel n'excusait
tant de morgue. « Aussitôt qu'elle commença à sortir de l'enfance, on lui trouva un agrément extraordinaire. La reine mère
(Anne d'Autriche) témoigna beaucoup d'inclination pour elle »,
et ce fut sur ses instances qu'à peine âgée de dix ans la princesse d'Angleterre parut à la cour. Les gazettes du temps nous
signalent sa présence aux fêtes du mariage du prince de Conti
(février 1654), puis au ballet royal des *Noces de Thétis et de
Pélée* (avril de la même année), où elle figura, couronnée de lis
et de roses, dans le rôle d'une des neuf muses qui escortaient
Apollon figuré par le jeune roi. Enfin, aux fêtes de 1656, le
journaliste-rimeur Jean Loret déclare que

> La jeune infante d'Angleterre
> Qui semblait un ange sur terre,
> Que menait le roi très chrétien,
> Dansa si parfaitement bien
> Que de toute la compagnie
> Elle fut mille fois bénie.

La reine mère aurait alors souhaité que Louis la choisît pour
femme, mais le jeune souverain, très épris alors d'Hortense Man-
cini, n'avait pas d'yeux pour les « petites filles » : c'est ce
qu'il déclarait lui-même à Anne d'Autriche, un jour qu'elle le
grondait d'avoir, dans un bal, au mépris de l'étiquette, invité
à danser la nièce de Mazarin avant sa cousine d'Angleterre.
Bientôt, du reste, la paix avec l'Espagne eut pour conséquence
l'union du roi avec une infante.

Au même moment, le rétablissement du prince de Galles sur le trône d'Angleterre changeait la situation de sa sœur. Henriette devenait un « parti » enviable au point de vue politique, et elle était désormais plus que digne d'obtenir le second rang en France dès lors que le premier lui avait échappé. Anne d'Autriche, dès la fin de l'année 1660, se hâta de la destiner, d'accord avec Henriette-Marie, à « Monsieur », frère du roi, Philippe, duc d'Orléans.

« Il n'y avait » alors « rien à la cour qu'on pût lui comparer », nous assure Mme de la Fayette, sa confidente et son historien. Non pas que sa beauté fût « des plus parfaites ». Les mémoires de ce temps[1], où le « portrait » était à la mode, nous en disent le fort et le faible. Sans doute, ses yeux étaient « bleus, brillants », « vifs sans être rudes », « intelligents et doux »; son nez, « parfait », selon l'évêque de Valence, « pas laid », selon Mme de Motteville; sa bouche, « vermeille » et ornée de dents « merveilleuses » qui « avaient toute la blancheur et la finesse qu'on leur pouvait souhaiter »; son teint, « fort délicat et fort blanc, mêlé d'un incarnat naturel, comparable à la rose et au jasmin »; ses cheveux « fort déliés », et d'un « châtain clair », ses bras et ses mains « fort bien faits »; — mais, d'autre part, une maigreur, dont le roi plaisantait alors avec assez de trivialité[2], « menaçait sa beauté d'une prompte fin »; le visage était trop long, la taille « gâtée », et le marquis de la Fare et Mlle de Montpensier vont jusqu'à dire qu'Henriette était « un peu bossue[3] ». En somme, ce qui faisait le meilleur de son attrait, c'était la grâce indéfinissable qui se dégageait de tout son être, physique et moral. Là-dessus il n'y a, parmi les contemporains, qu'une voix. « On eût dit qu'aussi bien que son âme son esprit animait tout son corps. Elle en avait jusqu'aux pieds et dansait mieux que femme du

---

1. Portrait de « la princesse Cléopâtre » par Mme de Brégis, dans les *manuscrits Conrart*, cité par le comte de Baillon, *Henriette d'Angleterre*, p. 25; Mme de la Fayette, *ouvr. cité*; Mme de Motteville, *Mémoires*, t. IV, p. 256 sqq.; Daniel de Cosnac, *Mémoires*, t. I, p. 420-421; le comte de Chesterfield, dans Baillon, *ouvr. cité*, p. 293.

2. Il se moquait de l'empressement qu'avait son frère d'épouser les *os du cimetière des Innocents*.

3. Mlle de Montpensier, *Mém.*, coll. Petitot, t. XLIII, p. 157; La Fare, *Mém.*, éd. Michaud, p. 268. — Cf. Gui Patin (*Lettres*, III, p. 2; 26 sept. 1661) : « Elle est fluette, délicate, et du nombre de ceux qu'Hippocrate dit avoir du penchant

monde [1]. » « Elle danse d'une grâce incomparable, elle chante
comme un ange et le clavecin n'est jamais mieux touché que par
ses belles mains [2]. » « Elle avait bonne grâce en sa taille; elle
s'habillait et se coiffait d'un air qui convenait à toute sa personne; toute sa personne, quoiqu'elle ne fût pas bien faite,
était néanmoins, par ses manières et ses agréments, tout à fait
aimable. » « C'était principalement ce que la princesse d'Angleterre possédait au souverain degré, ce qu'on appelle *grâces*,
et les charmes étaient répandus en toute sa personne, dans ses
actions et dans son esprit. Jamais princesse n'a été si également
ment capable de se faire aimer des hommes et adorer des
femmes [3]. » C'était, dit l'Anglais Chesterfield, une « créature
céleste ».

Un voyage en Angleterre, qu'elle fit aussitôt que son mariage
avec Philippe d'Orléans eut été convenu entre les deux reines
mères, lui donna la première occasion d'éprouver *son pouvoir*,
comme parlaient les poètes du temps. « Elle ne pouvait suffire aux fêtes et aux hommages de toute sorte qui lui étaient
offerts [4] » ; les Chambres anglaises lui votaient, sans rechigner,
une dot de 560 000 livres, et un présent de 10 000 jacobus [5] ; et
en même temps arrivaient à Londres des envoyés du duc de
Savoie et de l'empereur Léopold, chargés, — si le mariage
français n'était pas irrévocable, — de demander à Charles II
la main de sa sœur [6]. Enfin le duc de Buckingham, « alors fortement attaché à la sœur d'Henriette », ne put tenir contre celle-
ci. « Ce duc en devint si passionnément amoureux qu'on peut
dire qu'il en perdit la raison ». Quand la fiancée de Philippe
d'Orléans quitta Londres avec sa mère, le galant seigneur
l'accompagna comme tout le reste de la cour, jusqu'au navire,
« mais, au lieu de s'en retourner de même, il ne put se résoudre à abandonner la princesse d'Angleterre; il demanda au
roi permission de passer en France, de sorte que, sans équipage et sans toutes les choses nécessaires pour un pareil voyage,
il s'embarqua à Portsmouth avec la reine [7] ».

pour la phtisie. Les Anglais sont
sujets à cette maladie de consomp-
tion.... »

1. Daniel de Cosnac, p. 421.
2. Mme de Brégy (voir plus haut).
3. Mme de Motteville.
4. Mme de la Fayette.

5. Le comte de Baillon, p. 293.
6. Le comte de Baillon, p. 40.
7. Mme de la Fayette. — Une
fois en France, « il eut des jalousies
si extravagantes des soins que l'ami-
ral d'Angleterre prenait de la princesse, que la reine, craignant qu'il

De retour en France, et devenue duchesse d'Orléans par son mariage avec Monsieur (1er avril 1661), Henriette devint bientôt l'idole d'une cour, à laquelle on ne peut refuser, malgré des engouements inexplicables, d'avoir eu le discernement du vrai mérite. Madame n'avait été jusqu'alors connue et goûtée que de son entourage immédiat. « Comme la reine sa mère la tenait fort près de sa personne, on ne la voyait jamais que chez elle où elle ne parlait quasi point. » « Il n'y eut personne qui ne fût surpris de son agrément, de sa civilité et de son esprit; ce fut une nouvelle découverte »; on l'admira « dans ses actions sérieuses », on l'aima « dans les plus ordinaires », « on ne parlait que d'elle, et tout le monde s'empressait à lui donner des louanges[1] ».

Il est impossible de nier qu'elle ne se prêtât volontiers à cette admiration universelle. Son charme naturel était grand, son don de plaire involontaire, mais elle ne les laissait pas agir sans y collaborer de plein gré. Ce n'est pas seulement une libelle anonyme du temps qui nous l'assure[2] : « On dirait qu'elle demande le cœur, quelque indifférente chose qu'elle puisse dire »; — ce sont ses meilleurs amis qui sont frappés de ce propos délibéré dans l'amabilité et dans la grâce : « Jamais princesse ne fut si touchante, — écrit l'abbé de Choisy[3], — ni n'eut autant qu'elle l'air de vouloir bien que l'on fût charmé du plaisir de la voir.... Quand quelqu'un la regardait et qu'elle s'en apercevait, il n'était plus possible de ne pas croire que ce fût à celui-là qu'elle voulait uniquement plaire. » « Comme il y avait en elle de quoi se faire aimer, — dit pareillement Mme de Motteville, — on pouvait croire qu'elle y devait aisément réussir et qu'elle ne serait pas fâchée de plaire. Elle n'avait pu être reine, et pour réparer ce chagrin, elle voulait régner dans le cœur des honnêtes gens. » Et, de même, l'évêque Daniel de Cosnac : « Elle mêlait dans toute sa conversation une douceur qu'on ne trouvait point dans toutes les autres personnes royales. Ce n'est pas qu'elle eût moins de majesté, mais elle savait en user d'une manière plus facile et plus touchante, de sorte qu'avec tant de

n'en arrivât du désordre », l'envoya à Paris, d'où on le fit retourner peu après en Angleterre.

1. Mme de Brégy et Daniel de Cosnac.

2. *Histoire galante de M. le comte de Guiche et de Madame*, 1667 (pamphlet dont nous parlerons plus loin, cité par le comte de Baillon, p. 60).

3. Choisy, *Vie de Daniel de Cosnac*.

qualités toutes divines, elle ne laissait pas d'être la plus humaine du monde[1]. On eût dit qu'elle s'appropriait les cœurs, au lieu de les laisser en commun, et c'est ce qui a aisément donné sujet de croire qu'elle était bien aise *de plaire à tout le monde et d'engager toutes sortes de personnes*[2]. » C'est en effet ce que disaient, en le déplorant au point de vue religieux, les sévères Messieurs de Port-Royal : « Elle a vécu vingt-cinq ans, voulant plaire à tout le monde[3] », écrit l'un d'eux en 1670, au moment où elle venait de mourir. Cette oraison funèbre janséniste de la pauvre princesse était moins indulgente que celle de Bossuet, et moins équitable aussi.

Car s'il faut reconnaître, chez Henriette, une coquetterie féminine portée jusqu'au plus haut degré, il est juste aussi de rappeler qu'elle avait seize ans quand elle se trouva élevée à une situation si fort en vue et si flatteuse. En vérité, il eût fallu une raison bien solide, une sainteté bien haute, pour résister à l'enivrement de la volonté et du cœur produit par cet encens perpétuel d'une cour, la plus brillante du monde; par cette admiration, où se mêlait une espèce de gratitude émue, de cette compagnie d'oisifs délicats, empressés et ravis de se prosterner devant une nouvelle « idole ». Et l'on avouera que,

---

1. Mascaron a développé la même idée dans l'*Oraison funèbre* d'Henriette d'Angleterre avec un rare bonheur d'expression : « Elle avait purgé son esprit de cette présomption si familière aux grands de la terre, qui leur persuade qu'ils ont une souveraineté d'esprit et un ascendant de raison aussi bien que de puissance ; ils mettent leurs opinions au même rang que leurs personnes. Du respect et de la déférence qu'on leur rend, ils en font des raisons pour faire valoir leur sens, et ils sont bien aises, quand on a l'honneur de disputer avec eux, qu'on se souvienne qu'ils commandent à des légions. Que s'ils n'ont pas cette injustice, difficilement se parent-ils d'une autre : ils ont une certaine inquiétude, une précipitation dans la recherche de la vérité, qui, comme dit saint Augustin, leur fait d'ordinaire demander une courte réponse à une grande question, *ad quæstionem magnam responsio brevis*. Comme ils n'ont pas toujours la pénétration qu'il faut pour aller vite, et que les grandes occupations ne leur laissent pas le loisir qu'il faut pour aller lentement, ils se défient de la force de la vérité, parce qu'on ne peut pas la renfermer tout entière dans une petite repartie. L'illustre Henriette n'eut jamais cette négligence pour la vérité, ni ce dédain pour les savants. »

2. Cosnac, *Mém.*, I, p. 420. — Cf. Mme de la Fayette : « Un moment après je montai chez elle ; elle me dit qu'elle était chagrine, et la mauvaise humeur dont elle parlait aurait fait les belles heures des autres femmes, tant elle avait de douceur naturelle, et tant elle était peu capable d'aigreur et de colère. »

3. Dans Sainte-Beuve, *Port-Royal*, t. V (édition in-12), p. 537.

pour échapper à cette perversion quasi fatale, une jeune femme ne pouvait avoir trop de bons conseillers.

Or on sait qu'il lui manquait celui-là même que le mariage devait lui donner. Philippe d'Orléans était aussi incapable que possible de prendre sur sa femme l'autorité qu'il eût fallu. Sans parler des vilenies intimes de sa vie privée et de basses immoralités dont une femme ne pouvait être que dégoûtée, il est difficile d'imaginer une nullité d'esprit et de cœur plus complète que celle de ce frère de Louis XIV. Le système d'éducation princière, qui consistait à tout faire pour empêcher un cadet d'inquiéter son aîné, n'avait que trop bien réussi avec lui. Homme, il était resté le fantoche bellâtre qu'Anne d'Autriche se plaisait à attifer de jupes, adolescent déjà, tandis que son frère montait à cheval et allait à la chasse. Très épris, mais trop épris des choses artistiques, élégant dans sa mise jusqu'à la vanité la plus puérile, « son amour-propre semblait ne le rendre capable d'attachement que pour lui-même », sans jamais pourtant lui inspirer aucune ambition généreuse et virile. On peut voir dans les mémoires de Daniel de Cosnac, son aumônier, les efforts inouïs et inutiles, tentés par ce prélat, pour insuffler à son triste maître quelques sentiments nobles et quelques idées hautes. Philippe d'Orléans ne se fit connaître à sa femme que par une jalousie, qui encore était bien singulière, et paraissait plutôt celle d'un rival que celle d'un mari: elle s'adressait bien moins aux affections d'Henriette qu'à son esprit, dont il était offusqué, ne pouvant souffrir, visiblement, « qu'on lui rendît la justice qui lui était due[1] ».

D'autre part, Henriette de France, vieillissante, déprimée par une vie d'épreuves, obligée par sa fortune médiocre de vivre à l'écart de la cour, semblait éprouver, on l'a vu, une sorte de lassitude trop permise. Elle était absorbée par ses dévotions monacales; elle s'absenta de France, après le mariage d'Henriette, pendant plusieurs années, et, qu'elle fût en Angleterre ou en France, elle se contentait sans doute, trop souvent, de charger Mme de Motteville du soin d'avertir la jeune duchesse et de la réprimander avec respect. Réprimandes, d'ailleurs, assez mal accueillies : « Madame était lasse de l'ennui et de la contrainte qu'elle avait essuyés auprès de la reine sa mère[2] ».

1. Cosnac, *Mém.*, II, p. 56. | 2. Mme de la Fayette, p. 58.

Elle repoussait aussi obstinément les conseils de sa belle-mère Anne d'Autriche, — qui, pourtant, plus au fait des dangers de la cour, plus instruite des intrigues, souvent si honteuses, qui s'y tramaient, méritait d'avoir plus de crédit sur son esprit. — Mais Madame, dès les premières représentations de la reine mère, soupçonna ses conseils d'être inspirés par la jalousie d'une mère, inquiète de voir soustraire à son influence son fils préféré.

À ce moment, en effet, Louis XIV, revenu de ses préventions contre sa belle-sœur, « s'attachait fort à elle, et lui témoignait une complaisance extrême ». Ce fut elle, bientôt, qui « disposa de toutes les parties de divertissement; elles se faisaient toutes pour elle, et il paraissait que le roi n'y avait de plaisir que par celui qu'elle en recevait[1] ». C'est en son honneur que fut donné, au mois de juillet 1660, à Fontainebleau, le ballet des *Saisons*, où elle figurait Diane, saluée par Louis XIV, qui personnifiait le Printemps. « Il parut » alors, « aux yeux de tout le monde, qu'ils avaient l'un pour l'autre cet agrément qui précède d'ordinaire les grandes passions », et bientôt « on ne douta plus qu'il n'y eût entre eux plus que de l'amitié ». C'est alors qu'à plusieurs reprises Anne d'Autriche intervint, sans succès. — Henriette était tout « occupée de la joie d'avoir ramené à elle[2] » ce roi que toute sa cour adorait comme un dieu. Elle se souvenait, « avec quelque noble dépit, qu'il l'avait autrefois méprisée, et le plaisir que donne la vengeance lui faisait voir avec joie de contraires sentiments s'établir pour elle dans l'âme de son cousin[3] ». « Toutes ces choses la détournèrent tellement des mesures qu'on voulait lui faire prendre que même elle n'en garda plus aucune : elle se lia d'une manière étroite avec la comtesse de Soissons qui était alors l'objet de la jalousie de la reine et de l'aversion de la reine mère[4]. »

Démarche funeste, dont les conséquences pesèrent sur toute la vie de la duchesse. Se lier avec la comtesse de Soissons[5], c'était se mettre à la discrétion de ces femmes corrompues et vicieuses qui pour satisfaire leurs passions, leurs ambitions, ou simplement leur avarice, n'eussent pas reculé, au besoin,

1. Mme de la Fayette, p. 56-57.
2. Mme de la Fayette, p. 58-59.
3. Mme de Motteville, *Mém.*, IV, p. 268.
4. Mme de la Fayette, p. 59.
5. Voir, sur *les Nièces de Mazarin*, l'intéressant ouvrage d'Amédée Renée.

devant un véritable crime. Elles n'hésitèrent pas du moins, une fois maîtresses de la confiance d'Henriette, à en abuser sans le moindre scrupule, lui dérobant des confidences qu'elles s'empressaient de revendre à ses ennemis, l'encourageant à des imprudences qu'elles allaient dénoncer, — quand elles croyaient pouvoir en tirer profit pour elles ou pour leurs amis, — à Monsieur et au roi. On a de la peine à trouver, dans l'entourage le plus intime de la jeune duchesse, des femmes tarées comme Mme de Valentinois (depuis Mme de Monaco), — comme Mlle de Fiennes[1], un type d'aventurière qu'on dirait pris aux romans de Balzac ou aux comédies de Dumas, — ou enfin comme Mme de Châtillon (depuis Mme de Meckelbourg), personnage éhonté qui nous donne une idée de ce qu'étaient souvent ces grandes dames de la cour de Louis XIV, transfigurées et révérées à distance par notre admiration complaisante. Compromise dans toutes les intrigues de son temps, héroïne principale de plusieurs scandales retentissants, la duchesse de Meckelbourg n'avait même pas l'excuse sentimentale qu'ont eue quelques-unes des pécheresses de ce temps. « Elle était », dit Bussy-Rabutin[2], juge pourtant peu difficile, « infidèle, intéressée, sans amitié : pour de l'argent et des honneurs, elle aurait sacrifié père et mère »; grossière avec cela, — car on aurait tort de se figurer ces femmes du « grand monde » d'alors comme des parangons de délicatesse dans les façons et le langage, — « elle avait souvent des manières qui attiraient le mépris de tout le monde ». C'est pourtant cette personne que nous trouvons à chaque pas mêlée, sous le surnom familier de *Bablon*, à la courte histoire d'Henriette d'Angleterre. C'est pour la faire revenir auprès d'elle que nous voyons, en 1663, la duchesse d'Orléans lutter avec la plus grande vivacité contre son mari qui (à la suggestion, il est vrai, de deux autres femmes qui valaient Bablon : Mmes d'Armagnac et de Montespan) l'avait fait exiler[3].

Ainsi entourée, on n'a vraiment pas lieu de s'étonner si la conduite d'Henriette d'Angleterre offre parfois des faits que nous voudrions retirer de sa vie. Nous n'en citerons qu'un, d'abord parce qu'il a rapport à une autre de ces femmes du xvii° siècle dont Bossuet eut à s'occuper et dont il vit de près

1. Le comte de Baillon, *Henriette d'Angleterre*, p. 158-199.
2. *Histoire amoureuse des Gaules*, édit. Poitevin, t. I, p. 581.
3. Le comte de Baillon, *ouvr. cité*, p. 131-132.

la triste existence. De nouvelles remontrances d'Anne d'Autriche et de Philippe d'Orléans, sur la complai-ance avec laquelle Henriette acceptait les assiduités du roi, n'avaient abouti qu'à leur faire chercher à tous deux un moyen, — « quelque moyen que ce pût être », — de « donner le change au public ». « Ils convinrent donc entre eux que le roi ferait l'amoureux de quelque personne de la cour », et, entre autres, ils jetèrent les yeux sur une des filles d'honneur de Madame. « La Vallière, qui était fort jolie, fort douce et fort naïve. De fortune médiocre, *orpheline de mère*, élevée jusqu'alors en province, cette enfant de seize ans était tout « *heureuse d'être auprès de Madame....* » Et c'est ainsi que « fut livrée à sa destinée Louise de la Vallière, et livrée par la princesse dame et gardienne de son honneur, qui se servait d'elle comme d'un jouet[1] ». Il n'y a rien à ajouter à cette observation d'un historien moderne ; mais, quelque répugnants que soient ces faits, il faut les citer pour une autre raison encore : pour montrer à quel étrange oubli des principes d'honneur les plus élémentaires descendaient, sous l'influence d'un milieu corrupteur, des âmes que les contemporains n'hésitent pas à qualifier de « grandes » et de « justes[2] ».

Il ne paraît pas cependant que, pour sa part, Henriette ait poussé jusqu'à l'oubli complet de ses obligations les imprudences de sa frivolité. Ce qu'elle eût voulu, nous dit Mme de la Fayette écrivant sous sa dictée, — c'est « que le roi eût conservé pour elle une sorte d'attachement qui, sans avoir la violence de l'amour, en eût eu la complaisance et l'agrément[3] ». Cet aveu nous fait voir sans doute la facilité que la conscience avait alors de pallier sous de beaux dehors de vilaines faiblesses, mais il nous montre aussi ce qu'il pouvait entrer d'illusion romanesque et à demi honnête dans les témérités de la jeune femme.

C'est ainsi qu'avec le comte de Guiche son imagination fut probablement aussi plus prise que son cœur. Dans ces hommages d'un seigneur « jeune et hardi », qui n'avait pas hésité dès l'abord à se brouiller publiquement, malgré l'inégalité des rangs, avec le mari d'Henriette, et qui, à demi en disgrâce et banni de la cour, « ne trouvait rien de plus beau

---

1. Lair, *Mlle de la Vallière.* p. 55.
2. Daniel de Cosnac, *Mémoires.*
t. I, p. 420 (à propos de la duchesse d'Orléans).
3. Mme de la Fayette, p. 65.

que de tout hasarder[1] » pour déclarer ses sentiments à Madame, il y avait un air de roman, qui amusait et flattait à la fois cette lectrice de Mlle de Scudéry et d'Honoré d'Urfé. Sans avoir de véritable passion l'un pour l'autre, Madame et lui mettaient une sorte de gloire à braver le danger. « Malade et environnée de toutes ces femmes qui ont accoutumé d'être auprès d'une personne de son rang, Henriette faisait entrer le comte de Guiche, déguisé en femme qui dit la bonne aventure, et il la disait même aux femmes de Madame qui le voyaient tous les jours et qui ne le reconnaissaient pas. » Puis, quand l'exil de Guiche en Lorraine eut mis fin à ces enfantillages, la princesse, en fidèle héroïne de roman, voulut y voir un motif de plus de s'attacher à lui. Deux contemporains ont dit, ce semble, à travers leurs respectueuses déférences, la vérité sur l'état de cette conscience, plus atrophiée que pervertie, plus vaniteuse que vicieuse : « Les mouvements de son cœur, écrit Mme de Motteville[2], la portaient à suivre âprement tout ce qui ne lui paraissait pas *criminel* ni *entièrement contraire* à son devoir, et qui, d'ailleurs, pouvait la *divertir*. » Et l'évêque de Valence[3], qui fut son confident : « Eclairée sur tout ce qu'il faudrait faire, mais quelquefois ne le faisant pas, ou par une *paresse* naturelle, ou par une certaine *hauteur* d'âme, qui se ressentait de son origine et *qui lui faisait envisager un devoir comme une bassesse*. »

Quoi qu'il en soit et quel que fût le mobile secret de cette légèreté de conduite, Henriette ne tarda pas à en porter la peine. Il faudrait un volume pour raconter, — en essayant d'en éclaircir l'histoire encore obscure, — les intrigues de cour, plus ou moins retentissantes, dont la duchesse d'Orléans eut le triste honneur d'être l'héroïne, ou la victime. Entre autres chagrins, elle éprouva celui d'être accusée de haute trahison par un de ses amis, — rival, auprès d'elle, du comte de Guiche, — le chevalier de Vardes, qui fit tenir au roi des lettres, vraies ou fausses, d'après lesquelles Madame aurait eu l'intention, à l'époque de la cession de Dunkerque à la France, de s'y retirer avec Monsieur, à la tête du régiment des gardes dont le comte de Guiche était colonel. Entre autres humiliations, elle subit

---

1. Mme de la Fayette, p. 91, 92, 95.
2. Mme de Motteville, *Mémoires*,

édition déjà citée. t. IV, p. 271.
3. Daniel de Cosnac, *Mém.*, I, p. 120.

celle de voir sa vie privée livrée à la publicité par les pam-
phlétaires de Hollande, avec leur malveillance et leur ironie
ordinaires. Il courut à Paris sur son compte un libelle, bien
fait pour la déconsidérer complètement aux yeux de tous les
honnêtes gens, et dont on eut grand peine à arrêter, momentané-
ment, la diffusion [1].

Il semble du moins qu'à partir de cette date (1666) un
changement commença de se faire dans les sentiments et dans
la conduite de la jeune duchesse. Peut-être le déclin de sa
beauté [2], sûrement la mort d'un enfant, un fils de deux ans, —
perte « dont Madame fut au désespoir et dont elle conçut toute
la grandeur [3] », — contribuèrent-ils à l'assagir. C'est de plus,
à cet instant, que des occupations plus dignes d'elle furent
offertes à son activité. Dès 1661, l'affection que lui portait
Charles II, son frère, l'avait désignée, aux yeux de Louis XIV,
pour être l'intermédiaire officieuse des deux rois dans les relations continuelles de leurs gouvernements respectifs. C'est ainsi
que nous la voyons, dès lors, — probablement à l'instigation
de son beau-frère, — intervenir auprès de Charles II pour
obtenir l'abolition du *salut* qu'exigeait, des navires de toutes
les nations, la marine britannique. Dès lors plusieurs affaires
délicates passèrent par ses mains : diplomatie occulte à côté
de la diplomatie officielle, comme il arrive souvent, et souvent
plus efficace. Charles II, toujours menacé, à l'intérieur, par
l'opposition sourde des adversaires de son père, impuissant
à la refréner, faute d'argent, souhaitait vivement, et ne le
cachait pas, de s'appuyer sur Louis XIV; celui-ci, moins pressé,
le laissait venir et ménageait même, en attendant, ses ennemis
les Hollandais; mais tous deux jugeaient que « personne n'était
plus propre » que la duchesse d'Orléans « à établir une bonne
correspondance entre les deux pays ». Elle avait, comme le dit
l'abbé de Choisy, non seulement « tout l'esprit qu'il faut pour
être charmante », mais aussi « tout celui qu'il faut pour les
plus importantes affaires ». « Dans tout ce qu'elle dit et ce
qu'elle fait, déclare de même un diplomate anglais, « il y a
toujours quelque chose d'original et de frappant [4] ». Aussi à
partir du moment (fin de 1664), où prirent corps les négocia-

---

1. Cf. plus haut, p. 9, n. 2.
2. Sainte-Beuve, *Port-Royal*, V. p. 536.
3. Daniel de Cosnac, I, p. 321.
4. Falcombridge, *Dispatches*, 25 *febr.* 1670 (Baillon, p. 381).

tions menées par Charles II à l'effet de conclure avec le roi de France « un traité particulier de bienveillance et d'amitié », son rôle devint-il tout à fait capital.

Et l'on voit aisément, dans sa correspondance avec son frère, qu'elle sait le prendre au sérieux. Elle qui, d'abord, finissait ses lettres à Charles II en disant nonchalamment qu'elle « était toute endormie », elle s'applique, elle prend de la peine, elle étudie les documents diplomatiques, elle se pique d'honneur à démêler, dans ce qu'on lui dit ou écrit, les vrais sentiments que dissimulent les paroles conventionnelles. « Je suis sur des épines, écrit-elle à son frère, quand je n'y vois pas clair pour vous en rendre compte[1]. » Une première fois, elle échoua, et ses bons offices ne purent empêcher, en 1665, que la guerre n'éclatât entre les deux pays, Louis XIV ayant pris parti pour la Hollande. Mais, bientôt, les relations reprirent, et les offres de Charles II en vue d'une étroite union avec la France se firent plus précises : alliance offensive et défensive contre la Hollande, et subsides annuels fournis au roi d'Angleterre, — moyennant quoi il se ferait catholique, se mettant ainsi à la merci de Louis XIV. — Propositions graves, dont le succès dépendait d'un secret absolu. Aussi les ambassadeurs des deux pays n'avaient point connaissance de cette partie des négociations : Colbert de Croissy et le lord Montagu n'étaient occupés qu'à préparer, l'un à Paris, l'autre à Londres, un traité de commerce; en France, Lionne, Louvois et Turenne étaient les seuls dans la confidence[2]; — et le duc d'Orléans lui-même n'était pas au courant du « grand projet » dont sa femme était l'intermédiaire. — Quant à elle, cette besogne diplomatique ne lui était pas une sinécure. En février 1670, à Saint-Germain, elle passait presque toutes ses journées en conférence avec le roi. « Quoiqu'elle habitât, avec son mari, le château neuf, elle avait, au vieux château, un vaste appartement, de plain-pied avec celui de Louis XIV, où elle venait s'installer chaque après-dîner; le roi pouvait ainsi converser librement avec elle de ces affaires d'État[3]. » Il était incontestable cependant que de si délicats intérêts eussent gagné à être traités directement par les deux rois dans une entrevue, mais ce moyen présentait tant d'inconvénients que l'on ne put y recourir. A défaut, ce fut encore à

1. Baillon, *Henriette d'Angle-* 2. Baillon, *ouvr. cité*, p. 344.
terre, p. 208. 3. Baillon, *ouvr. cité*, p. 353.

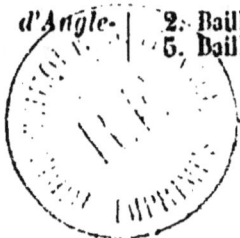

2

l'entremise d'Henriette que l'on songea : il fut décidé que'elle irait s'entretenir en Angleterre avec Charles II.

L'exécution n'allait pas sans difficultés. Froissé d'avoir été tenu en dehors de cette négociation, qu'il avait fini par apprendre par une indiscrétion de Turenne, le duc d'Orléans se montrait fort peu disposé à laisser sa femme partir pour l'Angleterre. Et, sur l'expresse volonté du roi, il n'y consentit que pour trois jours, et à la condition qu'elle ne mettrait pas le pied à Londres[1]. Louis XIV n'en donna pas moins au voyage de sa belle-sœur un appareil tout royal, en rapport avec la grandeur de sa mission. La suite d'Henriette « ne comptait pas moins de deux cent trente-sept personnes[2] ». C'est avec cette pompe que, le 26 mai 1670, la duchesse débarquait à Douvres. « Les moments étaient précieux[3] : Madame se mit activement à l'œuvre pour hâter la conclusion du traité de commerce et celle de l'alliance offensive et défensive contre la Hollande, qui en était la suite. » Pour ce qui était de l'abjuration, « Louis XIV craignait que les lenteurs habituelles et l'indolence de Charles ne lui fissent retarder ses projets » : Madame dissuada donc son frère « d'abjurer le protestantisme avant la déclaration de guerre à la Hollande », à quoi le roi de France tenait avant tout. La question du traité de commerce était préparée, mais non résolue ; or ce point était fort important, car, comme Colbert de Croissy l'écrivait, « les peuples en Angleterre ne donnent aux traités leur approbation ou leur blâme que selon l'utilité ou le dommage qu'ils apportent à leurs trafics[4] ». Des obstacles subsistaient encore : la princesse les enleva de haute lutte[5]. « Restait à régler le traité secret d'alliance entre les deux monarques et les conditions de leur action commune contre les Hollandais. Madame combattit victorieusement toutes les objections que son frère crut devoir lui faire, » à tel point que Charles II, convaincu, finit par lui déclarer « que, si M. de Turenne fût venu avec elle, il aurait pu prendre immédiatement avec lui des mesures » pour attaquer les Provinces-Unies. Bref, le traité secret fut signé à Douvres, et immédiatement apporté à Louis XIV qui l'attendait impatiemment à Boulogne[6].

1. Baillon, *ouvr. cité*, p. 390.
2. Baillon, *ouvr. cité*, p. 391.
3. Baillon, *ouvr. cité*, p. 396-398 ; Mignet, *Négociations relatives à la succession d'Espagne*, III, p. 3-268.

4. Lettre du 2 août 1668 à Louis XIV, citée par Baillon, *ouvr. cité*, p. 397.
5. Baillon, *ouvr. cité*, p. 397.
6. Les dispositions principales

« La gloire de la conclusion appartenait bien à Mme Henriette. C'est elle qui avait eu l'art de vaincre les dernières répugnances de son frère, » assez intelligent pour comprendre qu'il jouait sa popularité dans son royaume et qu'il se créait dans l'avenir des difficultés infinies. Sans l'intervention de la duchesse d'Orléans, l'affaire eût sans doute traîné en longueur, et les circonstances auraient pu déranger tous les plans de Louis XIV[1]. Le roi de France pouvait être reconnaissant à sa belle-sœur. Et, de fait, il lui témoigna sa gratitude, tant par des « présents » en espèces auxquels les princes les plus superbes, toujours à court d'argent, n'étaient jamais indifférents, que par des paroles flatteuses, qui, tombant de sa bouche, faisaient la plus souhaitée des récompenses. Le retour de Madame à la cour fut un triomphe. « Elle se voyait à vingt-six ans le lien des deux plus grands rois de ce siècle. Elle avait entre les mains un traité d'où dépendait le sort d'une partie de l'Europe. Le plaisir et la considération que donnent les affaires se joignant en elle aux agréments que donne la jeunesse et la beauté, il y avait une grâce et une douceur répandues dans toute sa personne qui lui attiraient une sorte d'hommage qui lui devait être d'autant plus agréable qu'on le rendait plus à la personne qu'au rang[2]. » Il est vrai que « cet état de bonheur était troublé par l'éloignement où Monsieur était pour elle[3] », principalement depuis l'éloignement de son favori le chevalier de Lorraine, éloignement qu'il attribuait à sa femme; « mais, selon

étaient les suivantes (voir Mignet, t. III, p. 180) : « Le roi d'Angleterre ferait déclaration publique de sa catholicité; le roi de France, à cet effet, l'assisterait d'un secours de deux millions de livres tournois. Si de nouveaux droits à la monarchie espagnole venaient à échoir au roi de France, le roi d'Angleterre l'aiderait à s'assurer de ces droits. Les deux rois déclareront la guerre aux Provinces-Unies; le roi de France les attaquera par terre, en recevant de l'Angleterre un secours de 6000 hommes; le roi d'Angleterre, par mer, avec 50 vaisseaux de guerre, auxquels le roi de France en ajoutera 30. La flotte combinée sera sous les ordres du duc d'York. Le roi de France fournira pour cette guerre à son allié un subside annuel de 3 millions de livres tournois. Dans les conquêtes faites, le roi d'Angleterre se contentera de Walcheren, de l'Écluse, et de l'île de Cadrand. »

1. Baillon, *ouvr. cité*, p. 400-401.
2. Assertion un peu excessive, car la situation de Madame dans son intérieur était toujours très fâcheuse; Mlle de Montpensier rapporte qu'Henriette se plaignait à elle de ce que son mari la tourmentait pour rien, regrettait qu'il ne l'eût pas « étranglée » autrefois.
3. Mme de la Fayette.

toutes les apparences, les bonnes grâces du Roi lui eussent
fourni les moyens de sortir de cet embarras, » et, en somme,
« elle était dans la plus agréable situation où elle se fût
jamais trouvée lorsqu'une mort, moins attendue qu'un coup de
tonnerre, termina une si belle vie ».

Sa santé, pourtant, s'altérait visiblement, et de plus en plus,
depuis le commencement de l'année. Son tempérament, délicat
de naissance[1], était usé par cette servitude de la cour dont
elle ne savait pas se passer[2], par les plaisirs mondains, les
veilles prolongées, enfin, comme le dit le médecin Gui Patin
dans ses lettres, par « le mauvais régime de vivre[3] ». Le
27 juin 1670, à la suite d'un bain, elle fut prise d'un malaise
qui se continua le lendemain. Elle ressentit vivement, dans la
journée du 29, un « mal de côté », qui lui était assez ordinaire.
Sur les cinq heures elle but un verre d'eau de chicorée, qui
provoqua des douleurs d'estomac cruelles. Le 30 juin, à deux
heures et demie du matin, elle était morte[4]. Ce tragique évé-
nement a été raconté par Mme de la Fayette, par l'évêque
Daniel de Cosnac, et l'abbé Feillet, dans des relations également
intéressantes et pathétiques, que nous reproduisons plus loin,
et que l'on aura profit à comparer avec les deux endroits du
discours de Bossuet où est décrite la mort de Madame.

N'oublions pas, — pour terminer cette esquisse d'une des phy-

1. Voir plus haut, p. 7, n. 3.
2. A tel point que le duc d'Orléans parlait à Louis XIV de son intention de demander le divorce. En
attendant, il arrachait sa femme de
la cour, d'où elle n'eût jamais voulu
s'éloigner, et l'emmenait languir à
la campagne, dans sa terre de Vil-
lers-Cotterets. Le désespoir d'Henriette se peint dans ses lettres de
cette époque. En voici une bien ca-
ractéristique, adressée à Turenne :
« Nous sommes à Villers-Cauterets,
d'où je ne vois pas un retour assuré.
Je sens tout ce que je dois ressentir
du pas que Monsieur fait ; et l'ennui,
et le désagrément d'une méchante
compagnie, et mille autres choses
ne me sont de rien. *Le seul regret
de quitter mes amis m'est sensible, et la crainte que le roi ne
m'oublie.* Je sais qu'il ne peut jamais
me trouver à redire (c.-à-d. regretter ma présence) ; je ne lui demande pas aussi (non plus) et me
tiendrai pour fort contente, si, en
pensant à moi, il dise qu'il aimerait
autant que je fusse auprès de lui
que de n'y être plus. »
3. Gui Patin, lettre du 16 juillet 1670.
4. Sur la question, encore aujour-
d'hui débattue, de savoir si la duchesse d'Orléans mourut empoisonnée, voir Chéruel, édit. des *Mémoires de Mlle de Montpensier*,
tome IV, notes ; — P. Clément, *Philippe d'Orléans et Mme Henriette*
(*Revue des questions historiques*,
1er oct. 1867) ; — Baillon, ouvrage
cité ; — Anatole France, Introd. à
l'*Histoire d'Henriette* par Mme de
la Fayette. — L'empoisonnement
paraît cependant peu probable.

sionomies de femmes les plus attachantes de la société du dix-
septième siècle, — un trait que Bossuet n'a eu garde d'omettre :
son goût pour les lettres et les arts. Dans cette cour élégante,
où les plus ignorants, à l'exemple de Louis XIV, essayaient de
suppléer au défaut de culture par la conversation, par la lecture et par une docilité intelligente au sentiment des connais-
seurs, Henriette tenait incontestablement un des premiers
rangs[1]. Son intelligence « solide et délicate » discernait en tout
« les choses fines[2] » : héritage de père et de mère, on l'a vu[3],
mais résultat aussi de cette éducation sérieuse, pendant
laquelle elle avait appris avec zèle « tout ce qui peut faire une
princesse parfaite[4] ». Sa compagnie habituelle[5], dans les derniers temps surtout, témoigne combien elle était, comme dit
Fontenelle, « touchée des choses d'esprit » et sympathique aux
gens d'esprit : c'est le duc de la Rochefoucauld, Mme de la
Fayette, Turenne, le marquis de la Fare, le comte de Tréville,
qui, à Saint-Cloud, étaient ses compagnons ordinaires. Du
reste, en tout temps, elle s'était intéressée vivement, activement
même, à ce magnifique essor de la littérature française dans
la seconde moitié du siècle. La dédicace que lui fait Molière, en
1662, de son *Ecole des femmes*, nous donne à comprendre que
cette princesse, « dont le rang la faisait respecter de toute la
terre », n'avait pas dû craindre de converser avec le comédien
du roi, qui la remercie de sa « bonté obligeante », de son
« affabilité généreuse »[6]. Une anecdote bien connue[7] nous montre

1. C'est à quoi les décorations de
ses obsèques firent allusion : voir
plus haut, à l'*Appendice* de l'*Introduction* générale.
2. Daniel de Cosnac, *Mémoires*,
I, p. 120. Cf. Mascaron, *Or. funèbre*
déjà citée : « Elle ne s'est jamais
fait un faux mérite de l'ignorance
que tant de grands comptent parmi
leurs belles qualités et les titres de
leur noblesse ; elle a aimé la lecture
et les gens d'esprit, et, par la connaissance de ce qu'il y a de plus fin,
de plus délicat dans les belles-let-
tres, dans les sciences épineuses et
dans les beaux-arts, elle a cultivé et
augmenté cette délicatesse d'esprit
qu'elle avait reçue de la nature. »
3. V. la *Not.* d'Henr. de France.

4. Comtesse de Brégy, dans la
*Galerie des Portraits de Mlle de
Montpensier*.
5. Rappelons aussi que son triste
mari était un amateur ardent d'objets d'art.
6. Elle servit de marraine, en
1664, au fils de Molière.
7. On raconte qu'apercevant un
jour Boileau, confondu à Versailles
dans la foule des courtisans, la duchesse d'Orléans l'appela, et, par une
délicate flatterie, lui murmura à
l'oreille ce joli vers, resté dans sa
mémoire, du poème qu'il était en
train de composer et dont, sans
doute, on se récitait des fragments :
« Soupire, étend les bras, ferme l'œil
et s'endort. » (*Lutrin*, ch. II, v. 150.)

avec quelle familiarité flatteuse elle traitait Despréaux. Quand,
en 1667, Racine, lui offrant *Andromaque*, proclame que la princesse « a daigné prendre soin de la conduite de sa tragédie »,
qu'elle lui a prêté « quelques-unes de ses lumières pour y
ajouter de nouveaux ornements », qu'enfin à la première lecture
« elle l'a honorée de quelques larmes », on croira sans peine
qu'il y eut entre cette femme délicate et passionnée et l'interprète le plus exquis de l'âme féminine qui soit dans notre littérature un échange d'impressions et de sympathies. Et s'il est
vrai, comme le raconte Fontenelle, que ce fut Madame qui
mit aux prises, sur le sujet de *Bérénice*, Corneille et son jeune
rival, cela prouverait qu'elle prenait nettement parti pour
Racine contre ses détracteurs, et qu'elle voulait lui ménager
un nouveau triomphe.

On voit, en tout cas, que le nom d'Henriette d'Angleterre
tient à l'histoire des lettres françaises. « La cour, lui disait
encore Racine, vous regarde comme l'arbitre de tout ce
qui se fait d'agréable, et nous, qui travaillons pour le public,
nous n'avons plus que faire de demander aux savants si nous
travaillons selon les règles : la règle souveraine est de plaire
à Votre Altesse Royale. » Voltaire, dans son *Siècle de Louis XIV*,
pour lequel il avait si religieusement recueilli les traditions
orales des survivants de la grande époque, confirme et déve-
loppe cette déclaration. « Le goût de la société », quand parut
Henriette à la cour, « n'avait pas encore reçu, dit-il, toute sa
perfection. La reine mère Anne d'Autriche commençait à aimer
la retraite; la reine régnante savait à peine le français. La
belle-sœur du roi apporta à la cour les agréments d'une conversation douce et animée, soutenue bientôt par la lecture des
bons ouvrages et par un goût sûr et délicat; elle se perfec-
tionna dans la connaissance de la langue qu'elle écrivait mal
encore au temps de son mariage[1]; elle inspira une émulation
d'esprit nouvelle et introduisit à la cour une politesse et des
grâces dont à peine le reste de l'Europe avait l'idée[2]. »

Sainte-Beuve enfin a pu préciser ainsi l'influence littéraire de
la duchesse d'Orléans : « Dans toutes les cours qui avaient
précédé celle de Madame, — à Chantilly, à l'hôtel Rambouillet et
à l'entour, — il y avait un mélange d'un goût déjà ancien et qui

1. On trouve d'intéressantes let- | déjà cités, de Daniel de Cosnac.
tres d'Henriette dans les mémoires, | 2. *Siècle de Louis XIV*, ch. xxv.

allait devenir suranné; avec Madame commence proprement
le goût moderne de Louis XIV; elle contribua à le fixer dans
sa pureté[1]. »

Vanitas vanitatum, dixit Ecclesiastes ;
vanitas vanitatum, et omnia vanitas.

Vanité des vanités, a dit l'Ecclésiaste ;
vanité des vanités, et tout est vanité.
Eccl. 1, 2.

MONSEIGNEUR[2],

J'étais donc encore destiné à rendre ce devoir funèbre
à très haute et très puissante princesse Henriette-Anne
d'Angleterre, duchesse d'Orléans. Elle, que j'avais vue si
attentive pendant que je rendais le même devoir à la
reine sa mère, devait être si tôt après le sujet d'un discours semblable; et ma triste voix était réservée à ce
déplorable ministère. O vanité! ô néant! ô mortels ignorants de leurs destinées[3]! L'eût-elle cru il y a dix mois?
Et vous, Messieurs, eussiez-vous pensé, pendant qu'elle
versait tant de larmes en ce lieu, qu'elle dût si tôt vous
y rassembler pour la pleurer elle-même? Princesse, le
digne objet de l'admiration de deux grands royaumes,
n'était-ce pas assez que l'Angleterre pleurât votre absence,
sans être encore réduite à pleurer votre mort? et la France,
qui vous revit, avec tant de joie, environnée d'un nouvel
éclat, n'avait-elle plus d'autres pompes et d'autres triom-
phes pour vous, au retour de ce voyage fameux, d'où
vous aviez remporté tant de gloire et de si belles es-
pérances? « Vanité des vanités, et tout est vanité » : c'est
la seule parole qui me reste, c'est la seule réflexion que

1. *Lundis*, t. VI.
2. Le prince de Condé, premier
prince du sang, représentant la
famille royale.
3. « *O faiblesse des esprits hu-*
mains, aveuglement des cœurs ! »
Lucrèce, *De Nat. rerum*, II, 14. —
Cf., pour la même idée, un autre
souvenir de Lucrèce à la fin de
l'oraison funèbre de Le Tellier.

me permet, dans un accident si étrange[1], une si juste et si sensible douleur. Aussi n'ai-je point parcouru les livres sacrés pour y trouver quelque texte que je pusse appliquer à cette princesse. J'ai pris, sans étude et sans choix, les premières paroles que me présente l'Ecclésiaste, où, quoique la vanité ait été si souvent nommée, elle ne l'est pas encore assez à mon gré pour le dessein que je me propose. Je veux dans[2] un seul malheur déplorer toutes les calamités du genre humain, et dans une seule mort faire voir la mort et le néant de toutes les grandeurs humaines. Ce texte, qui convient à tous les états et à tous les événements de notre vie, par une raison particulière devient propre à mon lamentable sujet, puisque jamais les vanités de la terre n'ont été si clairement découvertes, ni si hautement confondues. Non, après ce que nous venons de voir, la santé n'est qu'un .nom[3], la vie n'est qu'un songe, la gloire n'est qu'une apparence, les grâces et les plaisirs ne sont qu'un dangereux amusement[4] : tout est vain en nous, excepté le sincère aveu que nous faisons devant Dieu de nos vanités, et le jugement arrêté[5] qui nous fait mépriser tout ce que nous sommes.

---

1. *Étrange*. Ce mot, dont Bossuet use si volontiers, réunissait alors tous les sens que nous répartissons aujourd'hui entre un grand nombre d'adjectifs différents. Le dictionnaire de Richelet (1680) donne pour synonymes à *étrange* : surprenant, grand, extraordinaire, fâcheux, impertinent. — C'est, d'une façon générale, tout ce qui contrarie ou surpasse notre entendement, tout ce qui n'est pas dans l'ordre commun. Cf., p. 350, n. 1.

2. *Dans un seul malheur*. A l'occasion d'un seul malheur.

3. Un mot, dirions-nous. Ce sens de *nom* est ici un latinisme : Nomen amicitia est, « l'amitié n'est qu'un nom ». Ovide.

4. Ce mot signifie ici non pas ce qui récrée, mais ce qui détourne des choses sérieuses, ce que Pascal appelle le « divertissement ». « L'espérance que l'on a aux hommes ne nous montre que de fort loin la possession, et n'est qu'un *amusement* inutile, qui substitue un fantôme au lieu de la chose.... » Bossuet, *Panég. de sainte Thérèse*, 1re p. (dans Jacquinet). Cf., p. 323, n. 4, et Corneille, *Imitation de J.-C.*, I, 21 : « Heureux qui peut bannir de toutes ses pensées‖ Les vains *amusements* de la distraction. »

5. *Arrêté*. Réfléchi et immuable. Cf. Bossuet, sermon sur la *Soumission due à la parole de J.-C.* « Croyez ces témoignages, fidèles,

Mais dis-je la vérité? L'homme, que Dieu a fait à son image, n'est-il qu'une ombre? Ce que Jésus-Christ est venu chercher du ciel en [1] la terre, ce qu'il a cru pouvoir, sans se ravilir [2], acheter de tout son sang, n'est-ce qu'un rien? Reconnaissons notre erreur. Sans doute ce triste spectacle des vanités humaines nous imposait [3]; et l'espérance publique, frustrée tout à coup par la mort de cette princesse, nous poussait trop loin. Il ne faut pas permettre à l'homme de se mépriser tout entier, de peur que, croyant avec les impies que notre vie n'est qu'un jeu où règne le hasard, il ne marche sans règle et sans conduite au gré de ses aveugles désirs. C'est pour cela que l'Ecclésiaste, après avoir commencé son divin ouvrage par les paroles que j'ai récitées, après en avoir rempli toutes les pages du mépris des choses humaines, veut enfin montrer à l'homme quelque chose de plus solide, et conclut tout son discours, en lui disant : « Crains Dieu, et garde ses commandements; car c'est là tout l'homme : et sache que le Seigneur examinera dans son jugement tout ce que nous aurons fait de bien et de mal. » Ainsi tout est vain en l'homme, si nous regardons ce qu'il donne au monde :

et, persuadés de leur vérité, formez-vous des maximes invariables qui, fixant fortement à jamais votre esprit sur des *jugements arrêtés*, puissent ainsi diriger vos mœurs par une conduite certaine » (dans Jacquinet).

1. Tour fréquent chez Bossuet.

2. *Se ravilir*. Cf. Bossuet, dans le *Sermon sur l'Honneur du Monde*, 1re p. : « D'où vient que celui qui *se ravilit* par ses vices au-dessous des derniers esclaves croit assez conserver son rang et soutenir sa dignité par un équipage magnifique? » — « Cette fausse image de grandeur s'est tellement étendue qu'elle s'est enfin *ravilie*. » Id., *ibid*. Ce mot, aujourd'hui tombé en désuétude, était employé au xviie siè-

cle : « Vous ne sauriez croire combien la chevalerie est *ravilie*. » Voiture (dans le dictionnaire de Richelet).

3. Il n'y a guère qu'un siècle que l'usage s'est établi de dire *en imposer* quand le mot *imposer* signifie *commettre une imposture*, et simplement *imposer* quand il signifie *inspirer du respect*. « Les monothélites *imposèrent* par ces artifices au pape Honorius. » Bossuet, *Histoire universelle*, XIe époque. « Il y a une autre hypocrisie, qui n'est pas si innocente, parce qu'elle *impose* à tout le monde. » La Rochefoucauld, I, 124 (*Grands écrivains*). « Le fourbe qui longtemps a pu vous *imposer*. » Molière, *Tartufe*, V, 6.

mais, au contraire, tout est important, si nous considérons ce qu'il doit à Dieu[1]. Encore une fois tout est vain
en l'homme, si nous regardons le cours de sa vie mortelle; mais tout est précieux, tout est important, si nous
contemplons le terme où elle aboutit, et le compte qu'il
en faut rendre. Méditons donc aujourd'hui, à la vue de
cet autel et de ce tombeau, la première et la dernière
parole de l'Ecclésiaste; l'une qui montre le néant de
l'homme, l'autre qui établit sa grandeur. Que ce tombeau
nous convainque de notre néant, pourvu que cet autel,
où l'on offre tous les jours pour nous une victime d'un si
grand prix, nous apprenne en même temps notre dignité.
La princesse que nous pleurons sera un témoin fidèle de
l'un et de l'autre. Voyons ce qu'une mort soudaine lui a
ravi; voyons ce qu'une sainte mort lui a donné. Ainsi
nous apprendrons à mépriser ce qu'elle a quitté sans
peine, afin d'attacher toute notre estime à ce qu'elle a
embrassé[2] avec tant d'ardeur, lorsque son âme épurée
de tous les sentiments de la terre, et pleine du ciel où
elle touchait, a vu la lumière toute manifeste[3]. Voilà les
vérités que j'ai à traiter, et que j'ai cru dignes d'être
proposées[4] à un si grand prince, et à la plus illustre
assemblée de l'univers.

« Nous mourons tous, disait cette femme dont l'Écriture a loué la prudence[5] au second livre des Rois, et

---

1. Le latin en marge : *Deum time
et mandata ejus observa : hoc est
enim omnis homo : et cuncta quæ
fiunt . adducet Deus in judicium
[pro omni errato], sive bonum,
sive malum illud sit.* (Eccl. XII,
13, 14.)
2. Adopté, suivi. Cf., Corneille,
Horace, II,3: « Non, non, n'*embras-
sez* pas de vertu par contrainte. »
— « Il est ce que tu dis s'il *embrasse* leur foi. » *Polyeucte*, III, 2.
— « Qui d'une simple vie *embrasse*
l'innocence. || Ne doit point tant

prôner son nom et sa naissance. »
Molière, *Tartufe*, II, 21.
3. *Manifeste.* Cf., p. 349, n. 1.
4. Exposées, mises sous les yeux.
Cf., p. 376, n. 8.
5. Sagesse, au sens du mot latin
prudentia. Cf. *Or. funèbre de Henriette de France* : « Alors quand
les malheurs nous ouvrent les
yeux,... nous ne savons plus par où
excuser cette *prudence* présomp-
tueuse qui se croyait infaillible. »
— « La sagesse est dans les vieil-
lards, et la *prudence* est le fruit de

nous allons sans cesse au tombeau, ainsi que des eaux qui se perdent sans retour [1]. » En effet, nous ressemblons tous à des eaux courantes. De quelque superbe distinction que se flattent les hommes, ils ont tous une même origine ; et cette origine est petite. Leurs années se poussent successivement comme des flots : ils ne cessent de s'écouler ; tant qu'[2]enfin, après avoir fait un peu plus de bruit et traversé un peu plus de pays les uns que les autres, ils vont tous ensemble se confondre dans un abîme où l'on ne reconnaît plus ni princes, ni rois, ni toutes ces autres qualités superbes [3] qui distinguent les hommes ; de même que ces fleuves tant vantés demeurent sans nom et sans gloire, mêlés dans l'Océan avec les rivières les plus inconnues [4].

la longue vie. » Saci, *Bible, Job*, XII, 12 (dans Littré). « Où manque la *prudence*, trouvez la grandeur si vous le pouvez. » La Bruyère, *Des Jugements*.

1. Le latin en note marginale : *Omnes morimur, et quasi aquæ dilabimur in terram, quæ non revertuntur.* (II Reg. XIV, 14).

2. *Tant que*, signifiant *jusqu'à ce que*, locution tombée en désuétude. L'Académie la condamnait déjà dans son *Examen du Cid*. Littré ne cite, après le XVIIe siècle, qu'un exemple d'André Chénier. Dans ce sens *tant que* se construisait d'ordinaire avec le subjonctif. « La charité se nourrit et s'élève plus sûrement quand elle est comme gardée par la crainte ; c'est ainsi qu'elle se fortifie, *tant qu'*enfin elle *soit* capable de se soutenir par elle-même. » Bossuet, *Fragm. sur diverses manières de controv.* 3e *fragment* (dans Littré). — « Adieu, je vais traîner une mourante vie. ǁ *Tant que* par ta poursuite elle me *soit* ravie. » Corneille, *Cid*, III, 4.

3. *Superbes*. Propres à inspirer l'orgueil.

4. Bossuet avait dit déjà dans l'oraison funèbre de messire Henri de Gornay (1658) dont il nous reste quelques morceaux : « Il y a beaucoup de raisons de nous comparer à des eaux courantes, comme fait l'Écriture sainte ; car de même que, quelque inégalité qui paraisse dans le cours des rivières qui arrosent la surface de la terre, elles ont toutes cela de commun qu'elles viennent d'une petite origine ; que, dans le progrès de leur course, elles roulent leurs flots en bas par une chute continuelle, et qu'elles vont enfin perdre leurs noms avec leurs eaux dans le sein immense de l'Océan, où l'on ne distingue point le Rhin ni le Danube, ni ces autres fleuves renommés d'avec les rivières les plus inconnues ; ainsi tous les hommes commencent par les mêmes infirmités. Dans le progrès de leur âge, les années se poussent les unes les autres comme les flots ; leur vie roule et descend sans cesse à la mort, par sa pesanteur naturelle, et enfin, après avoir fait, ainsi que des fleuves, un peu plus de bruit les uns que les autres, ils vont tous se confondre dans ce gouffre infini du néant, où ne se trouvent plus ni

Et certainement, Messieurs, si quelque chose pouvait
élever les hommes au-dessus de leur infirmité naturelle,
si l'origine qui nous est commune souffrait[1] quelque distinction solide et durable entre ceux que Dieu a formés de
la terre, qu'y aurait-il dans l'univers de plus distingué que
la princesse dont je parle? Tout ce que peuvent faire non
seulement la naissance et la fortune, mais encore les
grandes qualités de l'esprit, pour l'élévation d'une princesse, se trouve rassemblé, et puis anéanti dans la nôtre.
De quelque côté que je suive les traces de sa glorieuse
origine, je ne découvre que des rois, et partout je suis
ébloui de l'éclat des plus augustes couronnes. Je vois la
maison de France, la plus grande, sans comparaison, de
tout l'univers, et à qui les plus puissantes maisons peuvent bien céder sans envie, puisqu'elles tâchent de tirer
leur gloire de cette source. Je vois les rois d'Écosse, les
rois d'Angleterre, qui ont régné depuis tant de siècles
sur une des plus belliqueuses nations de l'univers, plus
encore par leur courage que par l'autorité de leur sceptre[2].
Mais cette princesse, née sur le trône, avait l'esprit et le
cœur plus haut que sa naissance. Les malheurs de sa
maison n'ont pu l'accabler dans sa première jeunesse; et
dès lors on voyait en elle une grandeur qui ne devait
rien à la fortune. Nous disions avec joie que le ciel l'avait

---

rois, ni princes, ni capitaines, ni
tous ces augustes noms qui nous
séparent les uns des autres, mais
la corruption et les vers, la cendre
et la pourriture qui nous égalent. »
1. *Souffrait.* Admettait, tolérait.
« Puisqu'il est essentiel à Dieu d'être
simple et indivisible, la substance ne
souffre point de partage. » Bossuet,
sermon sur la *Trinité*, I, 1re p. —
« Pour un cœur généreux ce trépas
a des charmes; ‖ La gloire qui le
suit ne *souffre* point de larmes. »
Corneille, *Horace*, II, 1. — « Supposé,
comme il est vrai, que les exercices
de la piété *souffrent* des interval-

les. » Molière, *Tartufe*, *Préface*.
2. Voici les principaux points de
toute cette généalogie : Jacques V,
roi d'Écosse, avait épousé en
secondes noces Marie de Lorraine,
fille de Claude de Guise. Marie
Stuart, née de cette union, épousa
François II, roi de France, qui la
laissa veuve à dix-huit ans. Enfin
Henriette-Marie, fille de Henri IV,
fut mariée à Charles I, père de Henriette-Anne, duchesse d'Orléans. Le
mariage de Jacques IV, roi d'Écosse,
avec Marie Tudor, fille de Henri VII,
avait uni les deux familles régnantes
d'Écosse et d'Angleterre.

arrachée, comme par miracle, des mains des ennemis
du roi son père, pour la donner à la France : don précieux,
inestimable présent, si seulement la possession en avait
été plus durable! Mais pourquoi ce souvenir vient-il
m'interrompre? Hélas! nous ne pouvons un moment
arrêter les yeux sur la gloire de la princesse, sans que la
mort s'y[1] mêle aussitôt pour tout offusquer[2] de son ombre.
O mort, éloigne-toi de notre pensée, et laisse-nous tromper
pour un peu de temps la violence de notre douleur par
le souvenir de notre joie! Souvenez-vous donc, Messieurs,
de l'admiration que la princesse d'Angleterre donnait à
toute la cour. Votre mémoire vous la peindra mieux
avec tous ses traits et son incomparable douceur, que
ne pourront jamais faire toutes mes paroles. Elle crois-
sait au milieu des bénédictions de tous les peuples, et
les années ne cessaient de lui apporter de nouvelles
grâces. Aussi la reine sa mère, dont elle a toujours été
la consolation, ne l'aimait pas plus tendrement que
faisait Anne d'Espagne. Anne, vous le savez, Messieurs,
ne trouvait rien au-dessus de cette princesse. Après
nous avoir donné une reine, seule capable par sa piété,
et par ses autres vertus royales, de soutenir la réputa-
tion d'une tante si illustre, elle voulut, pour mettre dans
sa famille ce que l'univers avait de plus grand, que

---

1. Sans que la mort se mêle à
notre contemplation. Au xviiᵉ siècle
le pronom *y*, comme le pronom *en*,
était fréquemment employé pour
remplacer une proposition tout entière. « Je vois qu'on m'a trahi :
vous m'*y* voyez rêver. » Corneille,
cité par Chassang, *Grammaire française, cours supérieur*, § 239. « Il
faut toujours garder les formalités,
quoi qu'il puisse arriver. Pour moi,
j'*y* suis sévère en diable. » Molière,
Amour médecin, II, 3. « Je me
vois, ma cousine, ici persécutée ||
Par des gens dont l'humeur *y* paraît
concertée. » Id., *Misanthrope*,

V, 3. Cf. Chassang, ouvrage cité.
2. *Offusquer*. Cacher, voiler, au
propre et au figuré d'un emploi fréquent au xviiᵉ siècle : « Ces blonds
cheveux de qui la vaste enflure ||
Des visages humains *offusque* la
figure. » Molière, *Ecole des maris*,
I, 1. — « Il a du bon et du louable,
qu'il *offusque* par l'affectation du
grand et du merveilleux. » La
Bruyère, *De l'homme*. Ni le dictionnaire de Furetière (1690), ni
celui de l'Académie (1694) ne signale
pour ce mot le sens moral qu'il a
pris depuis : *porter ombrage à
quelqu'un*.

Philippe de France son second fils épousât la princesse
Henriette; et quoique le roi d'Angleterre, dont le cœur
égale la sagesse, sût que la princesse sa sœur, recherchée
de tant de rois, pouvait honorer un trône, il lui vit remplir avec joie la seconde place de France, que la dignité
d'un si grand royaume peut mettre en comparaison avec
les premières du reste du monde.

Que si son rang la distinguait[1], j'ai eu raison de vous
dire qu'elle était encore plus distinguée par son mérite.
Je pourrais vous faire remarquer qu'elle connaissait si
bien la beauté des ouvrages de l'esprit, que l'on croyait
avoir atteint la perfection, quand on avait su plaire à
Madame. Je pourrais encore ajouter que les plus sages
et les plus expérimentés admiraient cet esprit vif et
perçant, qui embrassait sans peine les plus grandes
affaires, et pénétrait avec tant de facilité dans les plus
secrets intérêts. Mais pourquoi m'étendre sur une matière
où je puis tout dire en un mot? Le roi, dont le jugement,
est une règle toujours sûre, a estimé la capacité[2] de
cette princesse, et l'a mise par son estime au-dessus de
tous nos éloges.

Cependant ni cette estime, ni tous ces grands avan-
tages, n'ont pu donner atteinte à sa modestie. Tout
éclairée qu'elle était, elle n'a point présumé de ses con-
naissances, et jamais ses lumières ne l'ont éblouie.
Rendez témoignage à ce que je dis, vous que cette grande
princesse a honorés de sa confiance. Quel esprit avez-
vous trouvé plus élevé? mais quel esprit avez-vous trouvé
plus docile[3]? Plusieurs, dans la crainte d'être trop faciles,

---

1. Var. de la 1ʳᵉ édition : Si son
rang l'élevait si haut.
2. *Capacité*. Ce mot, dont on a
contesté parfois, dans notre siècle,
la pureté, était d'un grand usage au
XVIIᵉ siècle. Cf. Bossuet, *Orais. fun.
de Le Tellier* : « Un homme d'une si
grande *capacité*. » — « Il y avait
peu de sujets dont la probité et la

capacité fussent assez connues pour
le devoir préférer au cardinal Mazarin. » La Rochefoucauld, II, 72.
(*Grands écrivains*). « Ces gens laissent échapper les plus belles occa-
sions de nous convaincre qu'ils ont
de la *capacité* et des lumières. » La
Bruyère, *Des ouvrages de l'esprit*,
3. *Docile*. Qui se laisse facilement

se rendent inflexibles à[1] la raison, et s'affermissent[2] contre elle : Madame s'éloignait toujours autant de la présomption que de la faiblesse : également estimable, et de ce qu'elle savait trouver les sages conseils[3], et de ce qu'elle était capable de les recevoir. On les sait bien connaître[4], quand on fait sérieusement l'étude qui plaisait tant à cette princesse; nouveau genre d'étude, et presque inconnu aux personnes de son âge et de son rang, ajoutons, si vous voulez, de son sexe. Elle étudiait ses défauts; elle aimait qu'on lui en[5] fît des leçons sincères : marque assurée d'une âme forte que ses fautes ne dominent pas, et qui ne craint point de les envisager de près, par une secrète confiance des[6] ressources qu'elle

instruire. « Ce que les Égyptiens avaient appris aux Grecs de meilleur était à se rendre *dociles* et à se laisser former par les lois pour le bien public. » Bossuet, *Histoire universelle*, III, 5. « Heureux, heureux mille fois || L'enfant que le Seigneur rend *docile* à ses lois. » Racine, *Athalie*, II, 9. « Cette vérité n'avait pu trouver leurs esprits *dociles*. » Massillon, *Carême, Fausse confiance* (dans Littré).

1. Ne se laissent pas fléchir par la raison. « A mes plus saints désirs la trouvant *inflexible*. » Corneille, *Cinna*, V, 2. « Si tu *m'es inflexible*, je m'en vais me tuer. » Molière, *Étourdi*, II, 7. « Fermes et *inflexibles aux* sollicitations du simple peuple. » La Bruyère, II, 190 (*Grands écrivains*). Sur cet emploi si fréquent de *à*, après un adjectif, voir p. 323, n. 7.

2. S'affermissent. Cf. Corneille, *Polyeucte*, III, 4. « ... Et son cœur *s'affermit* au lieu de s'ébranler. » — « Ce cœur infatigable qui semble *s'affermir* sous le faix qui l'accable.» Racine, *Mithridate*, III, 2.

3. Cf. p. 302, n. 2.

4. Reconnaître, discerner. Sens usuel au XVIIe siècle. « Un jugement ferme, solide, décisif dans les affai-res, qui fait que l'on *connaît* le meilleur parti et le plus juste. » La Bruyère, *Du Souverain ou de la République*. « Après avoir mûrement approfondi les hommes et *connu* le faux de leurs pensées, de leurs sentiments, de leurs goûts et de leurs affections.... » Id., *De l'homme*. Cf. p. 299, n. 1.

5. *En.* Des leçons sur ses défauts, à propos de ses défauts, dont ses défauts fournissaient le sujet. Cf. Bossuet, *Histoire universelle*, III, 4. « Peut-on recevoir une plus belle leçon *de* la vanité des grandeurs? » (*Sur* la vanité..., au sens du latin *de*). — « Tel a assez d'esprit pour exceller dans une certaine matière et *en* faire des leçons.... » La Bruyère, II, 103. Cf. p. 310, n. 4.

6. Cette façon de parler, qui rappelle une construction latine (*Fiducia formæ*, Properce, II, 23, confiance dans sa beauté; *Fiducia victoriæ*, Suétone, *Vespasien*, VIII, assurance de vaincre; *Habere magnam fiduciam rerum suarum*, César. *Bell. civ.*, II, 37, avoir une grande confiance dans ses affaires), a cessé d'être en usage. Bossuet dit de même ailleurs: «La foi *du* Messie et *de* ses merveilles », *Hist. univ.*, IIe part. c. xv; pour *au* Messie et *à*

sent pour les surmonter. C'était le dessein d'avancer dans cette étude de sagesse, qui la tenait si attachée à la lecture de l'histoire, qu'on appelle avec raison la sage conseillère des princes. C'est là que les plus grands rois n'ont plus de rang[1] que par leurs vertus, et que, dégradés[2] à jamais par les mains de la mort, ils viennent subir sans cour et sans suite le jugement de tous les peuples et de tous les siècles. C'est là qu'on découvre que le lustre[3] qui vient de la flatterie est superficiel, et que les fausses couleurs, quelque industrieusement qu'on les applique, ne tiennent pas. Là notre admirable princesse étudiait les devoirs de ceux dont la vie compose l'histoire : elle y perdait insensiblement le goût des romans, et de leurs fades héros[4] ; et, soigneuse de se former sur le vrai, elle méprisait ces froides et dangereuses fictions. Ainsi, sous un visage riant, sous cet air de jeunesse qui semblait ne promettre que des jeux, elle cachait un sens et un sérieux dont ceux qui traitaient avec elle étaient surpris,

ses merveilles. — « Ils se confirmaient dans la foi *de* leurs écritures. » *Ibid.*, c. XII. (Jacquinet, *Orais. funèbres*, p. 113.)

1. *Rang.* Au XVIIᵉ siècle, ce mot signifie, en style d'étiquette, la place qui revient à chaque personnage dans les cortèges, dans les cérémonies officielles, dans les assemblées. « Il y eut d'abord quelque froideur entre M. le Prince et lui (M. de Lorraine) pour le *rang* » (c'est-à-dire pour la préséance). La Rochefoucauld, II, 396 (*Grands écrivains*), « Dans le ciel les *rangs* ne seront marqués que par les vertus. » Mme de Maintenon, *Lettre à Mme de Viefville* (dans le *Dictionnaire* Littré).

2. Privés de leur rang (*gradus*).

3. *Lustre*, éclat.

4. Le goût des romans était une des maladies du temps. Mme de Sévigné, malgré la justesse de son goût, cédait comme tout le monde à cet entraînement. Elle écrivait à sa fille : « Je reviens donc à mes lectures : c'est sans préjudice de *Cléopâtre*, que j'ai gagé d'achever. Je songe quelquefois d'où vient la folie que j'ai pour ces sottises-là : j'ai peine à le comprendre. Vous vous souvenez peut-être assez de moi pour savoir à quel point je suis blessée des méchants styles : j'ai quelque lumière pour les bons, et personne n'est plus touchée que moi des charmes de l'éloquence. Le style de La Calprenède est maudit en mille endroits ; de grandes périodes de romans, de méchants mots, je sens tout cela, ...et cependant je ne laisse pas de m'y prendre comme à de la glu : la beauté des sentiments, la violence des passions, la grandeur des événements, et le succès miraculeux de leurs redoutables épées, tout cela m'entraîne comme une petite fille » (12 juillet 1671).

Aussi pouvait-on sans crainte lui confier les plus grands secrets. Loin du commerce des affaires, et de la société des hommes, ces âmes sans force, aussi bien que sans foi[1], qui ne savent pas retenir leur langue indiscrète! « Ils ressemblent, dit le Sage, à une ville sans murailles, qui est ouverte de toutes parts[2] », et qui devient la proie du premier venu. Que Madame était au-dessus de cette faiblesse! Ni la surprise, ni l'intérêt, ni la vanité, ni l'appât d'une flatterie délicate, ou d'une douce conversation qui souvent épanchant le cœur en fait échapper le secret, n'était capable de lui faire découvrir le sien; et la sûreté qu'on trouvait en cette princesse, que son esprit rendait si propre aux grandes affaires, lui faisait confier les plus importantes.

Ne pensez pas que je veuille, en interprète téméraire des secrets d'État, discourir sur le voyage d'Angleterre, ni que j'imite ces politiques spéculatifs[3] qui arrangent suivant leurs idées les conseils[4] des rois, et composent sans instruction[5] les annales de leur siècle. Je ne parlerai de ce voyage glorieux que pour dire que Madame y fut admirée plus que jamais. On ne parlait qu'avec transport de la bonté de cette princesse, qui, malgré les divisions trop ordinaires dans les cours, lui gagna d'abord tous les esprits. On ne pouvait assez louer son incroyable

---

1. *Sans foi.* Au sens étymologique de *fidélité à la parole donnée.*

2. Le latin en note : *Sicut urbs patens et absque murorum ambitu, ita vir qui non potest in loquendo cohibere spiritum suum.* (Prov. XXV, 28.)

3. Ces politiques *spéculatifs.* Ce mot désigne ceux qui raisonnent sur les matières politiques sans en être chargés, qui ne font que de la théorie. Il est dans ce sens substantif ou adjectif. « Les *spéculatifs* croient que cette négociation n'aboutira à rien. » Dict. de l'Académie, 1694. — « Les gens remarquèrent

que cela convenait fort bien avec le chagrin du ministre, qui voulait persuader les *spéculatifs* que l'alliance de l'Espagne lui faisait toujours peur. » Mme de Motteville. — Balzac, dans son Aristippe, a consacré un discours entier aux *spéculatifs* (Aubert, édit. des *Orais. funèbres*, p. 72). — Cf., pour l'idée, les épigrammes dirigées par La Bruyère contre les politiciens et les nouvellistes (Edit. class. Hachette, p. 42-45, 114).

4. Desseins. Cf. p. 302, n. 2.

5. *Sans instruction.* Sans documents.

dextérité[1] à traiter les affaires les plus délicates, à guérir ces défiances cachées qui souvent les tiennent en suspens, et à terminer tous les différends d'une manière qui conciliait les intérêts les plus opposés. Mais qui pourrait penser sans verser des larmes aux marques d'estime et de tendresse que lui donna le roi son frère? Ce grand roi, plus capable encore d'être touché par le mérite que par le sang, ne se lassait point d'admirer les excellentes qualités de Madame. O plaie irrémédiable! ce qui fut en ce voyage le sujet d'une si juste admiration, est devenu pour ce prince le sujet d'une douleur qui n'a point de bornes. Princesse, le digne lien des deux plus grands rois du monde, pourquoi leur avez-vous été sitôt ravie? Ces deux grands rois se connaissent, c'est l'effet des soins de Madame; ainsi leurs nobles inclinations concilieront leurs esprits, et la vertu sera entre eux une immortelle médiatrice[2]. Mais si leur union ne perd rien de sa fermeté, nous déplorerons éternellement qu'elle ait perdu son agrément[3] le plus doux, et qu'une princesse si chérie de tout l'univers ait été précipitée dans le tombeau, pendant que la confiance de deux si grands rois l'élevait au comble de la grandeur et de la gloire.

La grandeur et la gloire! Pouvons-nous encore entendre ces noms dans ce triomphe de la mort? Non, Messieurs,

---

1. Habileté. « Il fût venu lui-même avec moi vous chercher ǁ Si ma *dextérité* n'eût su l'en empêcher.» Corneille, *Cinna*, I, 4. « César eut une *dextérité* admirable à ménager les Gaulois. » St-Evremond dans Richelet. « Oui, vos *dextérités* veulent me détourner ǁ D'un éclaircissement qui vous doit condamner. » Molière, *Don Garcie*, IV, 8.

2. Voir Henri Martin, *Hist. de France*, t. XIII, p. 352-355, sur le rôle de Louise de Kéroualle.

3. *Agrément*, au singulier comme au pluriel, est fréquemment employé au XVIIᵉ siècle.« Ce qui est certain, c'est qu'avec tous ses *agréments* et tous ses charmes, le monde n'a rien de comparable à ces saintes délices et à ces joies secrètes que la religion nous fait goûter. » Bourdaloue, *Pensées* (dans Littré). « Il avait de l'esprit et de l'*agrément*. » La Bruyère. « Elle a dans toute sa personne un *agrément* qui enchante. » Scarron, *Roman comique*, cité dans le *Dictionnaire français* de Richelet, publié en 1680.

je ne puis plus soutenir[1] ces grandes paroles, par lesquelles l'arrogance humaine tâche de s'étourdir elle-
même pour ne pas apercevoir son néant. Il est temps de
faire voir que tout ce qui[2] est mortel, quoi qu'on ajoute
par le dehors pour le faire paraître grand, est par son
fond incapable d'élévation. Écoutez à ce propos le pro-
fond raisonnement non d'un philosophe qui dispute dans
une école, ou d'un religieux qui médite dans un cloître;
je veux confondre le monde par ceux que le monde même
révère le plus, par ceux qui le connaissent le mieux, et
ne lui veux donner pour le convaincre que des docteurs
assis sur le trône. « O Dieu! dit le Roi Prophète, vous
avez fait mes jours mesurables, et ma substance n'est
rien devant vous[3]. » Il est ainsi[4]! Chrétiens; tout ce qui
se mesure finit, et tout ce qui est né pour finir n'est pas
tout à fait sorti du néant où il est sitôt replongé[5]. Si
notre être, si notre substance n'est rien, tout ce que nous
bâtissons dessus, que peut-il être? Ni l'édifice n'est plus
solide que le fondement, ni l'accident attaché à l'être
plus réel que l'être même. Pendant que la nature nous
tient si bas, que peut faire la fortune pour nous élever?
Cherchez, imaginez parmi les hommes les différences les
plus remarquables; vous n'en trouverez point de mieux
marquée, ni qui vous paraisse plus effective, que celle
qui relève[6] le victorieux au-dessus des vaincus qu'il voit
étendus à ses pieds. Cependant ce vainqueur, enflé de ses

---

1. *Soutenir*. Supporter, endurer.
Cf. p. 308, n. 5.
2. Emploi du neutre familier à
Bossuet.
3. Le latin en note : *Ecce men-
surabiles posuisti dies meos, et
substantia mea tanquam nihilum
ante te.* (Ps., XXVIII, 6.)
4. *Il est ainsi.* Il en est.... Locution usitée du temps de Bossuet.
Ainsi dans Saint-Évremond : « Il est
de l'origine des peuples comme des
généalogies des particuliers. » Et

dans La Rochefoucauld : « Il est de
certaines qualités comme des sens:
ceux qui en sont entièrement privés
ne les peuvent apercevoir ni les
comprendre. » Note de l'édit. Aubert, p. 74.
5. Cf. Sermon *sur la mort*, éd.
cl. Hachette, p. 291 : « L'accident ne
peut pas être plus noble que la substance, etc. »
6. *Relève.* Élève. L'emploi de ce
mot était fréquent au xvii° siècle :
« des pensées *relevées* ».

titres tombera lui-même à son tour entre les mains de la mort. Alors ces malheureux vaincus rappelleront à leur compagnie leur superbe triomphateur; et du creux[1] de leur tombeau sortira cette voix qui foudroie toutes les grandeurs : « Vous voilà blessé comme nous; vous êtes devenu semblable à nous[2] ». Que la fortune ne tente donc pas de nous tirer du néant ni de forcer[3] la bassesse de notre nature.

Mais peut-être, au défaut de la fortune, les qualités de l'esprit, les grands desseins, les vastes pensées pourront nous distinguer du reste des hommes. Gardez-vous bien de le croire, parce que toutes nos pensées qui n'ont pas Dieu pour objet sont du domaine de[4] la mort. « Ils mourront, dit le Roi Prophète, et en ce jour périront toutes leurs pensées[5]. » C'est-à-dire, les pensées des conquérants, les pensées des politiques, qui auront imaginé dans leurs cabinets des desseins où[6] le monde entier sera compris. Ils se seront munis[7] de tous côtés par des précautions infinies; enfin ils auront tout prévu, excepté leur mort qui emportera en un moment toutes leurs pensées[8]. C'est

---

1. Du fond. Familier de nos jours, et poétique au XVIIe siècle : Cf. Bossuet, sermon sur la *Résurrection dernière*, 1re p. : « Au son de cette voix toute-puissante qui se fera entendre en un moment de l'Orient jusqu'à l'Occident, et du Septentrion jusqu'au Midi, les os desséchés, la cendre et la poussière insensibles seront émus dans le *creux* de leurs tombeaux. — Corneille, *Héraclius*, I, 3 : « Quand Maurice peut tout du *creux* de son cercueil. » Boileau, *Sat.* VII : « Je ne puis arracher du *creux* de ma cervelle ‖ Que des vers plus forcés que ceux de la *Pucelle.* »

2. *Et tu vulneratus es sicut et nos ; nostri similis effectus es.* (Is. XIV, 10.)

3. Faire violence à..., surmonter, vaincre. Cf. *Or. funèbre de Condé* :

« *Forcer* les respects. » « Combien de fois tes yeux, *forçant* ma résistance.... » Racine, *Alexandre*, IV, 1. « Assez d'autres sans moi *forçant* la destinée ‖ Trouveront d'Ilion la fatale journée. » Id., *Iphigénie*.

4. Appartiennent à....

5. *In illa die peribunt omnes cogitationes eorum.* (Ps. CXLV, 4.)

6. Où. Dans lesquels. Cf. p. 301, n. 2.

7. *Ils se seront munis.* Au sens étymologique du latin *munire*, fortifier, mettre en garde. Cf. Régnier, *Sat.* XIV. « Ne se pouvant *munir* encontre tant de maux. » — « Borée et le Soleil virent un voyageur ‖ *Qui* s'était *muni* par bonheur ‖ Contre le mauvais temps. » La Fontaine, *Fables*, VI, 3.

8. Cf. la célèbre lettre de Mme de Sévigné sur la mort de Louvois (26 juillet 1691).

pour cela que l'Écclésiaste, le roi Salomon[1], fils du roi David (car je suis bien aise de vous faire voir la succession de la même doctrine dans un même trône); c'est, dis-je, pour cela que l'Écclésiaste, faisant le dénombrement des illusions qui travaillent les enfants des hommes, y comprend la sagesse même. « Je me suis, dit-il, appliqué à la sagesse, et j'ai vu que c'était encore une vanité[2] », parce qu'il y a une fausse sagesse qui, se renfermant dans l'enceinte des choses mortelles, s'ensevelit avec elles dans le néant. Ainsi je n'ai rien fait pour Madame, quand je vous ai représenté tant de belles qualités qui la rendaient admirable au[3] monde, et capable des plus hauts desseins où[4] une princesse puisse s'élever. Jusqu'à ce que je commence à vous raconter ce qui l'unit à Dieu, une si illustre princesse ne paraîtra dans ce discours que comme un exemple le plus grand[5] qu'on se puisse proposer, et le plus capable de persuader aux ambitieux qu'ils n'ont aucun moyen de se distinguer, ni par leur naissance, ni par leur grandeur, ni par leur esprit, puisque la mort, qui égale tout, les domine de tous côtés avec tant d'empire, et que d'une main si prompte et si souveraine elle renverse les têtes les plus respectées.

Considérez, Messieurs, ces grandes puissances que nous regardons de si bas. Pendant que nous tremblons

---

1. Bossuet admet la tradition hébraïque, rapportée par saint Jérôme, d'après laquelle ce livre de l' « Ecclésiaste » aurait été fait par Salomon. On s'accorde aujourd'hui à en attribuer la composition à un écrivain anonyme du IIIᵉ siècle avant l'ère chrétienne. C'est un ouvrage philosophique, où l'auteur, conversant avec lui-même, donne le résultat, très attristé et pessimiste, de sa douloureuse expérience des choses de ce monde.

2. *Transivi ad contemplandam sapientiam..., locutusque cum mente mea, animadverti quod hoc quoque esset vanitas.* (Eccl. II, 12, 15.)

3. *Admirable au monde.* Voir, pour cet emploi de l'adverbe *à* avec un adjectif, p. 323, n. 7.

4. Auxquels. Cf. p. 301, n. 2.

5. *Un exemple, le plus grand....* Molière a dit de même : « Voilà une belle merveille que de faire bonne chère avec de l'argent. C'est *une chose la plus aisée* du monde. » *Avare*, III, 5. « Je suis dans *une confusion la plus grande* du monde de voir une personne de votre qualité. » *Bourgeois gentilhomme*, III, 6.

sous leur main, Dieu les frappe pour nous avertir. Leur
élévation en est la cause; et il les épargne si peu qu'il
ne craint pas de les sacrifier à l'instruction du reste des
hommes. Chrétiens, ne murmurez pas si Madame a été
choisie pour nous donner une telle instruction. Il n'y a
rien ici de rude pour elle, puisque, comme vous le verrez
par la suite, Dieu la sauve par le même coup qui nous
instruit. Nous devrions être assez convaincus de notre
néant; mais s'il faut des coups de surprise[1] à nos cœurs
enchantés[2] de l'amour du monde, celui-ci est assez grand
et assez terrible. O nuit désastreuse! ô nuit effroyable,
où retentit tout à coup, comme un éclat de tonnerre,
cette étonnante[3] nouvelle : Madame se meurt! Madame
est morte[4]! Qui de nous ne se sentit frappé à ce coup[5],
comme si quelque tragique accident avait désolé sa

---

1. Cf. Sermon *sur l'ambition* (éd.
class. Hachette, p. 275). « La fortune se plaît de temps en temps
d'étonner le monde par des *coups
d'une surprise* terrible, comme
pour rappeler toute sa force en la
mémoire des hommes, et de peur
qu'ils n'oublient jamais ses incon-
stances, sa malignité, ses bizar-
reries. »
2. *Enchantés*. Encore un de ces
mots qui avaient dans la langue de
Bossuet une force bien plus grande
que de nos jours. Cf. *incantare,
incantatio*. « Ce prince, *enchanté*
par sa passion et détourné par ses
affaires, laissait la vérité dans l'oubli. » Sermon sur la *Prédication
évangélique*. « C'est qu'il (l'homme)
est *enchanté* par ses sens et ses
passions trompeuses. » *Connaissance de Dieu et de soi-même*
(dans Littré).
3. *Étonnante*. Cf. p. 312, n. 3.
4. Un prédicateur du xviie siècle,
le P. Elisée, prononçant, le 10 mai
1766, l'oraison funèbre du roi Sta-
nislas, s'est souvenu du même passage et l'a imité avec une maladresse
qui touche au ridicule : « O jour, ô
moment affreux où nous entendîmes
retentir autour de nous de longs
sanglots entrecoupés de cette triste
parole : *le roi est brûlé, le roi est
dangereusement malade*. Au premier bruit d'un mal si étrange, qui
de nous ne se sentit pas frappé
comme si la mort eût menacé le
plus tendre des pères? Tout était
en alarmes; on ne voyait que l'image
de la douleur; on courait vers le
palais pour s'informer de l'état du
prince, on recevait avec avidité ces
premières nouvelles qui éloignaient
l'idée du danger. Hélas! ce bon roi
cherchait lui-même à tromper notre
douleur; il nous cachait ses maux
pour adoucir nos inquiétudes. Presque entre les bras de la mort, et
déjà glacé sous ses froides mains, il
entretenait sa cour attendrie avec
une tranquillité qui rassurait nos
craintes. » (Note de l'édit. Aubert.)
— Voir aussi sur ce passage, Voltaire, *Siècle de Louis XIV*, ch. xxxii
(éd. Rébelliau et Marion; p. 567 et
la note).
5. *A ce coup*. Cf. p. 553, n. 3.

famille? Au premier bruit d'un mal si étrange, on accourut à Saint-Cloud de toutes parts; on trouve tout consterné, excepté le cœur de cette princesse. Partout on entend des cris; partout on voit la douleur et le désespoir, et l'image de la mort[1]. Le roi, la reine, Monsieur, toute la cour, tout le peuple, tout est abattu, tout est désespéré; et il me semble que je vois l'accomplissement de cette parole du prophète : « Le roi pleurera, le prince sera désolé, et les mains tomberont au peuple de douleur et d'étonnement[2].

Mais et les princes et les peuples gémissaient en vain. En vain Monsieur, en vain le roi même tenait Madame serrée par de si étroits embrassements. Alors ils pouvaient dire l'un et l'autre avec saint Ambroise : *Stringebam brachia sed jam amiseram quam tenebam* : « Je serrais les bras, mais j'avais déjà perdu ce que je tenais[3] ». La princesse leur échappait parmi[4] des embrassements si tendres, et la mort plus puissante nous l'enlevait entre ces royales mains. Quoi donc, elle devait périr sitôt! Dans la plupart des hommes, les changements se font peu à peu, et la mort les prépare ordinairement à son dernier coup. Madame cependant a passé du matin au soir, ainsi que l'herbe des champs[5]. Le matin elle fleurissait; avec quelles grâces, vous le savez : le soir nous la vîmes séchée; et ces fortes expressions par lesquelles l'Écriture[6] sainte exagère l'inconstance des

---

1. Cf. Virgile, *En.*, II, 269.
2. *Étonnement*. Cf. plus haut, p. 512, n. 5. -- *Rex lugebit, et princeps induetur mœrore, et manus populi terræ conturbabuntur.* (Ézéch., VII, 27.)
3. *Stringebam brachia, sed jam perdideram quem tenebam.* (*Orat. de obit. Satyri fratr.*, I, 19.)
4. Cf. p. 298, n. 2.
5. *Homo, sicut fœnum dies ejus, tanquam flos agri sic efflorebit.* (Ps., CII, 15.)

6. Bossuet a lui-même, comme l'observe M. Jacquinet, montré avec bien de l'ingéniosité la beauté délicate de cette expression biblique : « Avouons que nos prophètes ont décrit toutes choses avec un art exquis. Mais ils ont surtout excellé à dépeindre la vanité des choses humaines. Est-il rien de plus délicat que ces mots : *Il fleurira comme la fleur des champs?* Le poète eût pu dire : *la fleur des jardins.* Il a préféré mettre : *la fleur des*

choses humaines, devaient être pour cette princesse si précises et si littérales[1]. Hélas! nous composions son histoire de tout ce qu'on peut imaginer de plus glorieux! Le passé et le présent nous garantissaient l'avenir, et on pouvait tout attendre de tant d'excellentes qualités. Elle allait s'acquérir[2] deux puissants royaumes par des moyens agréables; toujours douce, toujours paisible autant que généreuse et bienfaisante, son crédit n'y aurait jamais été odieux; on ne l'eût point vue s'attirer[3] la gloire avec

champs, pour que les soins dont on l'entoure, le lieu même où elle grandit, ne parussent pas devoir prolonger son existence éphémère ». *Dissert. sur les Psaumes*, ch. II, traduction française.

1. Ps., CII, 15; CI, 12. Cette pensée de la mort se retrouve presque partout chez les écrivains du XVIIe siècle, avec ce caractère de tristesse religieuse qui saisit l'âme du lecteur. On lit, dans les mémoires de Mme de Motteville : « Huit jours après mourut aussi la duchesse de Savoie, fille du feu duc d'Orléans, dont la destinée fut pareille à la fleur qui fleurit le matin, et qui le soir se sèche: et la princesse Marguerite qui avait été proposée pour être notre reine, que sa cruelle destinée, au lieu de ce bonheur, avait fait la duchesse de Parme, la suivit de près. Considérons par là quelle est la fragilité de la grandeur des grands de la terre, et tâchons de profiter par cette réflexion de la mort de ces deux princesses qui étaient fort jeunes. » Bossuet semble, du reste, avoir emprunté cette pensée à l'oraison funèbre que saint Grégoire de Nysse prononça en l'honneur de la princesse Pulchérie. « Vous avez bien connu cette tendre colombe nourrie dans le nid royal. Ses ailes venaient à peine de se couvrir d'un plumage brillant ; mais ses grâces surpassaient encore sa jeunesse. Vous savez comment elle a quitté son nid et est partie, comment elle s'est envolé loin de nos yeux, comment le sort jaloux l'a soudain arrachée à nos mains. Faut-il lui donner le nom de colombe ? était-ce une fleur fraîche éclose, dont les pétales ne jetaient pas encore tout leur éclat? Sans doute elle brillait déjà, mais on espérait qu'elle resplendirait encore ».

2. *S'acquérir.* S'attacher, conquérir moralement. « *S'acquérir* des amis », écrit Perrot d'Ablancourt, un des oracles du beau langage d'alors, dans sa traduction de Tacite. Cet emploi du verbe *s'acquérir* est également signalé dans le dictionnaire de l'Académie (1694): « Il *s'est acquis* quantité d'amis. » Cf. La Rochefoucauld : « M. le prince de Conti ne songeait qu'à ruiner le crédit de Madame sa sœur parmi les plus considérables de cette .. faction, pour *se les acquérir.* » II, 354 (*Grands écrivains*). — La Bruyère : « Quand on a assez fait auprès de certaines personnes pour avoir dû *se les acquérir,* si cela ne réussit point, il y a encore une ressource, qui est de ne plus rien faire. » I, 208 (*Grands écrivains*).

3. *S'attirer la gloire.* Cf. *Or. fun. de Le Tellier,* p. 434 : « .... Ferme génie que nous avons vu, en ébranlant l'univers, *s'attirer* une dignité qu'à la fin il voulut quitter comme trop chèrement achetée. » « Au lieu de *s'attirer* par là le mérite d'avoir procuré le repos public, ils songèrent seulement.... » La Rochefoucauld, II, 217 (*Grands écrivains*).

une ardeur inquiète et précipitée[1], elle l'eût attendue
sans impatience, comme sûre [2] de la posséder. Cet attachement qu'elle a montré si fidèle[3] pour le roi jusques à
la mort lui en donnait les moyens. Et certes, c'est le
bonheur de nos jours, que l'estime se puisse joindre[4]
avec le devoir, et qu'on puisse autant s'attacher au mérite et à la personne du prince qu'on en révère la puissance et la majesté. Les inclinations de Madame ne l'atta-
chaient pas moins fortement à tous ses autres devoirs.
La passion qu'elle ressentait pour la gloire de Monsieur
n'avait point de bornes. Pendant que ce grand prince,
marchant sur les pas de son invincible frère, secondait
avec tant de valeur et de succès ses grands et héroïques
desseins dans la campagne de Flandre,[5] la joie de cette
princesse était incroyable. C'est ainsi que ses généreuses
inclinations la menaient à la gloire par les voies que le
monde trouve les plus belles; et si quelque chose manquait encore à son bonheur, elle eût tout gagné par sa dou-

1. *Précipitée.* Le xvii° siècle a tiré
grand parti de ce mot pittoresque.
Cf. le sermon de Bossuet *sur les ju-
gem. humains,* 1° point « Cette
humeur curieuse et *précipitée* fait
que ce qu'on ne voit pas on le de-
vine. » « Il ne faut pas se jeter dans
la pénitence par une ferveur *précipitée.* » Fléchier, dans le *Dictionnaire* (1690) de Furetière. « Gens
entreprenants, légers et *précipités.*»
La Bruyère, I, 501 (*Gran ls écrivains*). — Le xvi° siècle disait, dans
le même sens, *précipitant.* « Les
Juifs, étant ainsi *précipitants,* ne
peuvent porter patiemment la cor-
rection de Dieu. » Calvin. « Les Français, bouillants et *précipitants* de
nature.» Amyot (dans Godefroy, *Dict.
de l'anc. lang. française*).
2. *Comme sûre....* Tournure ellip-
tique : *comme une personne sûre....*
Cf. Corneille, *Polyeucte,* II, 6.
« Vous sortez du baptême, et ce qui
vous anime || C'est la grâce qu'en
vous n'affaiblit aucun crime; ||

Comme encor tout entière, elle agit
pleinement, || Et tout semble possible
à son feu véhément. »
3. *Cet attachement qu'elle a
montré si fidèle.* Tournure calquée
sur le latin.
4. *Joindre avec.* Allier à. « La
femme de Zénobie... se rendit célèbre par toute la terre pour avoir
joint la chasteté *avec* la beauté, et
le savoir avec la valeur. » Bossuet.
Histoire universelle, I, 10. « Si Vas-
quez les avait mal tirées (les conséquences) de son principe, il aurait
joint une faute de jugement *avec*
une erreur dans la morale. » Pascal,
Réfut. de la réponse à la 12° *lettre*
(dans Littré). On disait *joindre à*
aussi bien que *joindre avec.* « Je
vais vous faire voir un homme qui a
su *joindre* la politesse du temps à
la bonne foi de nos pères. » Fléchier,
Or. fun. du duc de Montausier.
5. C'est Turenne qui dirigeait les
opérations militaires de cette campagne.

cœur et par sa conduite. Telle était l'agréable histoire que
nous faisions pour Madame ; et, pour achever ces nobles
projets, il n'y avait que la durée de sa vie dont nous ne
croyions pas devoir être en peine. Car qui eût pu seulement penser que les années eussent dû manquer à une
jeunesse qui semblait si vive[1] ? Toutefois c'est par cet
endroit que tout se dissipe[2] en un moment. Au lieu de
l'histoire d'une belle vie, nous sommes réduits à faire
l'histoire d'une admirable mais triste mort. A la vérité,
Messieurs, rien n'a jamais égalé la fermeté de son âme,
ni ce courage paisible qui, sans faire effort pour s'élever,
s'est trouvé par sa naturelle situation au-dessus des
accidents les plus redoutables. Oui, Madame fut douce
envers la mort, comme elle l'était envers tout le monde.
Son grand cœur ni ne s'aigrit, ni ne s'emporta contre
elle. Elle ne la brave non plus[3] avec fierté, contente de
l'envisager[4] sans émotion et de la recevoir sans trouble.
Triste consolation, puisque, malgré ce grand courage,
nous l'avons perdue ! C'est la grande vanité des choses
humaines. Après que, par le dernier[5] effet de notre cou-

---

1. *Si vive*. Si pleine de vie. « O
sainte Eglise gallicane, la postérité
te verra telle que t'ont vue les siècles
passés..., toujours une des plus *vives* et des plus illustres parties de
cette Eglise éternellement vivante
que Jésus-Christ ressuscité a répan-
due par toute la terre. » Bossuet,
Sermon sur l'Unité de l'Eglise.
« Si toute religion est une crainte
respectueuse de la divinité, que
penser de ceux qui osent la blesser
dans sa plus *vive* image, qui est le
Prince ? » La Bruyère. Chapitre *Des
Esprits forts*, éd. cl. Hachette,
p. 186.
2. Emploi du réfléchi où nous
mettrions plutôt le passif : « Les
contraintes *s'exécutent* ». Bossuet
3. *Elle ne la brave non plus*.
Bossuet a souvent ainsi supprimé la
négation devant *non plus*. « Vous

n'ignorez non plus qu'en consa-
crant ce jour de repos, il n'a pas
laissé depuis d'agir sans cesse. »
Sermon pour la Toussaint, 1669,
5ᵉ p. « A cela... il n'y aura jamais
de repartie selon les maximes de la
Réforme ; mais *il n'y en a non plus*
à ce qu'objecte M. Jurieu. » VIᵉ *avertissement aux protestants*.
4. *Envisager*. Au premier sens
du mot : *regarder en face*. « Phor-
bas, *envisagez* ce prince en ma
présence ? » Corneille, *Œdipe*, IV, 5.
« Plus je vous *envisage*, || Et moins
je reconnais, monsieur, votre visage. » Racine, *Plaideurs*, II, 4.
Pour le sens de *considérer*, voy.
p. 93, n. 1.
5. *Le dernier effet*. Suprême,
extrême, le plus grand. « Le cardinal pour lequel j'ai le *dernier* respect. » Bossuet, *Lettres* (dans Lit-

rage, nous avons, pour ainsi dire, surmonté la mort, elle éteint en nous jusqu'à ce courage par lequel nous semblions la défier. La voilà, malgré ce grand cœur, cette princesse si admirée et si chérie; la voilà telle que la mort nous l'a faite[1] : encore ce reste tel quel va-t-il disparaître, cette ombre de gloire va s'évanouir; et nous l'allons voir dépouillée même de cette triste décoration[2]. Elle va descendre à[3] ces sombres lieux, à ces demeures souterraines, pour y dormir dans la poussière avec les grands de la terre, comme parle Job[4]; avec ces rois et ces princes anéantis, parmi lesquels à peine peut-on la placer, tant les rangs y sont pressés, tant la mort est prompte à remplir ces places[5]. Mais ici notre imagination nous abuse encore. La mort ne nous laisse pas assez de corps pour occuper quelque place, et on ne voit là que les tombeaux qui fassent quelque figure. Notre chair change bientôt de nature : notre corps prend un autre nom; même celui de cadavre[6], dit Tertullien, parce qu'il

iré). « Montre d'un vrai Romain la *dernière* vigueur. » Corneille, *Cinna*, IV, 6. « C'est là où vous verrez la *dernière* bénignité de la conduite de nos pères. » Pascal, *Provinciales*, 9. « Je vous vois accabler un homme de caresses || Et témoigner pour lui les *dernières* tendresses. » Molière, *Misanthrope*, acte I, 1.

1. Voir le commentaire bien raffiné que Chateaubriand a fait de ce mot (*Génie du Christianisme*, 3ᵉ partie, livre IV, chapitre IV).

2. *Décoration.* Voir l'appendice de l'*Introd.* (Edit. complète.)

3. *Descendre à.* Dans. Cf. plus haut.

4. « Ils dormiront dans la poussière » dit en effet le Livre de Job, XXI, 26 ; mais il ajoute : « et les vers les couvriront ». Bossuet n'ose aller jusque-là. Un contemporain, Fromentières, l'osait, avec plus de brutalité, il est vrai, que de bonheur,

annonçant aux dames de la cour que « les vers et les serpents » « grouilleront » demain « aux places » « du vermillon et des frisures ».

5. En effet le caveau était tellement rempli en 1683 que pour y faire place à Marie-Thérèse, il fallut l'agrandir.

6. Il est nécessaire de comparer ce passage avec le sermon *sur la mort* de 1662, éd. cl. Hachette, p. 293, qui finit ainsi : « Il n'y aura plus sur la terre aucuns vestiges de ce que nous sommes. La chair changera de nature ; le corps prendra un autre nom, « même celui de cadavre » « ne lui demeurera pas longtemps, « il deviendra, dit Tertullien, un je « ne sais quoi qui n'a plus de nom « dans aucune langue », tant il est vrai que tout meurt en lui, jusqu'à ces termes funèbres par lesquels on exprimait ses malheureux restes. » Cf. aussi *Or. fun.* du P. Bourgoing, *supra.*

nous montre encore quelque forme humaine, ne lui demeure pas longtemps ; il devient un je ne sais quoi, qui n'a plus de nom dans aucune langue, tant il est vrai que tout meurt en lui, jusqu'à ces termes funèbres par lesquels on exprimait ses malheureux restes.

C'est ainsi que la puissance divine, justement irritée contre notre orgueil, le pousse jusqu'au néant, et que, pour égaler[1] à jamais les conditions, elle ne fait de nous tous qu'une même cendre. Peut-on bâtir sur ces ruines? Peut-on appuyer quelque grand dessein sur ce débris[2] inévitable des choses humaines? Mais quoi, Messieurs, tout est-il donc désespéré pour nous? Dieu, qui foudroie toutes nos grandeurs jusqu'à les réduire en poudre[3], ne nous laisse-t-il aucune espérance? Lui, aux yeux de qui rien ne se perd, et qui suit toutes les parcelles de nos corps, en quelque endroit écarté du monde que la corruption ou le hasard les jette[4], verra-t-il périr sans ressource ce[5] qu'il a fait capable de le connaître et de l'aimer? Ici un nouvel ordre de choses se présente à moi, les ombres de la mort se dissipent : « les voies me sont ouvertes à la véritable vie[6] ». Madame n'est plus dans le tombeau; la mort, qui semblait tout détruire, a tout établi[7] : voici le secret de l'Ecclésiaste, que je vous avais marqué[8] dès le commencement de ce discours, et dont il faut maintenant découvrir le fond.

1. Rendre égales.
2. *Débris*, marque ici l'état d'une chose brisée, comme dans cet autre exemple de Bossuet : « Voulez-vous sauver quelque chose de *ce débris* si universel, si inévitable ? » *Or. funèbre de Le Tellier.* Cf. des emplois de ce mot au singulier dans Corneille, *Sertorius*, I, 1 : « Et cet asile ouvert aux illustres proscrits || Réunit du Sénat *le précieux débris.* » « Il règne sur *le débris* et sur les ruines de sa fortune. » Fléchier (dans Littré). « Non, je ne prétends point, cher Arbate, à ce prix, || D'un malheureux empire acheter *le*

débris. » Racine, *Mithridate*, I, 1.
5. *Poudre.* Poussière.
4. Cf. le Sermon *sur la Résurrection dernière* : « Il (Dieu) saura bien rassembler les restes dispersés de nos corps... en quelque coin de l'univers que la loi des changements ait jeté ces restes précieux. »
5. *Ce qui, ce que*, désignant des personnes. Cf. p. 35, n. 2.
6. En note : *Notas mihi fecisti vias vitæ.* (Ps., XV, 11.)
7. *Établir* est pris ici dans tout son sens étymologique : *Stabilire*, « rendre stable ».
8. *Marqué.* Indiqué, signalé, fait

Il faut donc penser, Chrétiens, qu'outre le rapport que nous avons du côté du corps avec la nature changeante et mortelle, nous avons d'un autre côté un rapport intime, et une secrète affinité avec Dieu, parce que Dieu même a mis quelque chose en nous, qui peut confesser la vérité de son être, en adorer la perfection, en admirer la plénitude ; quelque chose qui peut se soumettre à sa souveraine puissance, s'abandonner à sa haute et incompréhensible sagesse, se confier en sa bonté, craindre sa justice, espérer son éternité. De ce côté, Messieurs, si l'homme croit avoir en lui de l'élévation, il ne se trompera pas. Car comme il est nécessaire que chaque chose soit réunie à son principe, et que c'est pour cette raison, dit l'Ecclésiaste, « que le corps retourne à la terre, dont il a été tiré[1] » : il faut, par la suite du même raisonnement, que ce qui porte en nous la marque divine[2], ce qui est capable de s'unir à Dieu, y[3] soit aussi rappelé. Or, ce qui doit retourner à Dieu, qui est la grandeur primitive et essentielle, n'est-il pas grand et élevé ? C'est pourquoi, quand je vous ai dit que la grandeur et la gloire n'étaient parmi nous que des noms pompeux, vides de sens et de

---

connaître. Beaucoup plus fréquent dans ce sens au xviiᵉ siècle que de nos jours : « Je lui ai *marqué* qu'il eût à faire telle chose.... Je ne goûte point la raison que vous m'avez *marquée* dans votre lettre. » Dict. de l'Acad., 1694. Cf La Bruyère : « Ces deux-ci (ces deux rondeaux) qu'une tradition nous a conservés, sans nous en *marquer* le temps ni l'auteur. » II, 216 (*Grands écrivains*). Cf. p. 550, n. 3.

1. *Revertatur pulvis ad terram suam, unde erat.* (Eccl. XII, 7.) — *Spiritus redeat ad Deum, qui dedit illum.* (Ibid.)

2. Idée familière à Bossuet. Voir à ce propos la méditation de 1648 *sur le Bonheur des Élus*; voir aussi le sermon de 1662, *sur la mort*, etc.

3. *Y soit rappelé.* Soit rappelé à Dieu. Au xviiᵉ siècle le pronom *y*, comme le pronom *en*, pouvait représenter des personnes : « Bossuet, serm. de 1662 *sur l'ardeur de la Pénitence*. Il n'y a homme au monde qui soit à vous si véritablement que j'*y* suis. » La Rochefoucauld, III, 138 (*Grands écrivains*). « Jésus-Christ peut être pressé ; ceux qui vont à lui lentement n'*y* peuvent atteindre. » « Lui (le chevalier de Grignan) qu'on ne peut connaître sans s'*y* attacher. » Sévigné, 29 juin 1689. — Vaugelas avait pourtant blâmé comme une faute, « commune », il est vrai, « parmi les courtisans », cet emploi de *y*. (*Remarques sur la langue française*, 1647), édit. Chassang.

choses, je regardais le mauvais usage que nous faisons
de ces termes. Mais, pour dire la vérité dans toute son
étendue, ce n'est ni l'erreur ni la vanité qui ont inventé
ces noms magnifiques; au contraire, nous ne les aurions
jamais trouvés, si nous n'en avions porté le fonds en
nous-mêmes. Car où prendre ces nobles idées dans le
néant? La faute que nous faisons n'est donc pas de nous
être servis de ces noms; c'est de les avoir appliqués à des
objets trop indignes. Saint Chrysostome a bien compris
cette vérité, quand il a dit : « Gloire, richesses, noblesse, puissance, pour les hommes du monde ne sont
que des noms; pour nous, si nous servons Dieu, ce
seront des choses. Au contraire, la pauvreté, la honte,
la mort, sont des choses trop effectives et trop réelles
pour eux; pour nous, ce sont seulement des noms[1] :
parce que celui qui s'attache à Dieu ne perd ni ses biens,
ni son honneur, ni sa vie. Ne vous étonnez donc pas si
l'Ecclésiaste dit si souvent : « Tout est vanité ». Il
s'explique : « Tout est vanité sous le soleil[2] »; c'est-à-
dire, tout ce qui est mesuré par les années, tout ce qui
est emporté par la rapidité du temps. Sortez du temps
et du changement, aspirez à l'éternité; la vanité ne
vous tiendra plus asservis. Ne vous étonnez pas si le
même Ecclésiaste[3] méprise tout en nous, jusqu'à la sagesse, et ne trouve rien de meilleur que de goûter en
repos le fruit de son travail. La sagesse dont il parle
en ce lieu est cette sagesse insensée, ingénieuse à se
tourmenter, habile à se tromper elle-même, qui se corrompt[4] dans le présent, qui s'égare dans l'avenir, qui

1. Homil. LVIII (al. LIX) in Matth., n. 5.
2. Eccl. I, 2, 14; III, 11.
3. Eccl. I, 17; II, 11, 21.
4. Se corrompt dans le présent. Qui se consume en pure perte, se détruit, au sens du latin corrumpere, perdre, détruire : sens qui s'était conservé dans l'ancien français : « Quand un dur (un corps dur) vient contre un dur, les deux se corrompent. » Jean de Vignay, dans Godefroy, Dict. de l'anc. lang. française. « Corrompre une mule de trop grand fardeau. » Nicot, Thrésor de la langue française, 1606. Cf.

par beaucoup de raisonnements et de grands efforts ne fait que se consumer inutilement en amassant des choses que le vent emporte. « Hé! s'écrie ce sage roi, y a-t-il rien de si vain[1]? « Et n'a-t-il pas raison de préférer la simplicité d'une vie particulière[2], qui goûte doucement et innocemment ce peu de biens que la nature nous donne, aux soucis et aux chagrins des avares, aux songes inquiets des ambitieux? « Mais cela même, dit-il, ce repos, cette douceur de la vie, est encore une vanité[3] », parce que la mort trouble et emporte tout. Laissons-lui donc mépriser tous les états de cette vie, puisque enfin, de quelque côté qu'on s'y tourne, on voit toujours la mort en face, qui couvre de ténèbres tous nos plus beaux jours. Laissons-lui égaler le fou et le sage; et même, je ne craindrai pas de le dire hautement en cette chaire, laissons-lui confondre l'homme avec la bête : *Unus interitus est hominis et jumentorum[4].* En effet, jusqu'à ce que nous ayons trouvé la véritable sagesse, tant que nous regarderons l'homme par les yeux du corps, sans y démêler par l'intelligence ce secret principe de toutes nos actions, qui, étant capable de s'unir à Dieu, doit nécessairement y retourner, que verrons-nous autre chose dans notre vie que de folles inquiétudes? et que verrons-nous dans notre mort qu'une vapeur qui s'exhale, que des esprits[5] qui s'épuisent, que des ressorts qui se

---

Note de l'édit. Jacquinet. « *Arsanes igni ferroque Ciliciam vastat, quidquid usui esse potest* corrumpit. » Quinte-Curce, III, 4. Vaugelas traduit ainsi ce passage: « Arsane met le feu partout et *corrompt* (détruit) tout ce qui peut servir à l'usage des hommes. »

1. *Et est quidquam tam vanum?* (Eccl., II, 19.)

2. *Une vie particulière.* Une vie privée. « On dit qu'un homme est *particulier* pour dire qu'il n'aime pas à voir le monde, qu'il se communique à peu de gens. » Dictionnaire de l'Académie française, première édition, 1694.

3. *Vidi quod hoc quoque esset vanitas.* (Ibid., II, 1 ; XI, 8, 10.)

4. *Eccl.* III, 19.

5. Souvenir de la théorie cartésienne. « *Esprits* au pluriel sont de petits corps légers, chauds et invisibles, qui portent la vie et le sentiment dans les parties de l'animal. » *Dict. de l'Académie,* 1694. « Quand les Perses vinrent à la Grèce, ils trouvèrent des armées

démontent et se déconcertent [1], enfin qu'une machine
qui se dissout [2] et qui se met en pièces? Ennuyés de ces
vanités, cherchons ce qu'il y a de grand et de solide en
nous. Le Sage nous l'a montré dans les dernières paroles
de l'Ecclésiaste; et bientôt Madame nous le fera paraître
dans les dernières actions de sa vie. « Crains Dieu, et
observe ses commandements; car c'est là tout l'homme [3] » ;
comme s'il disait : ce n'est pas l'homme que j'ai méprisé,
ne le croyez pas; ce sont les opinions, ce sont les erreurs
par lesquelles l'homme abusé se déshonore lui-même.
Voulez-vous savoir en un mot ce que c'est que l'homme ?
Tout son devoir, tout son objet, toute sa nature, c'est
de craindre Dieu : tout le reste est vain, je le déclare;
mais aussi tout le reste n'est pas l'homme. Voici [4] ce
qui est réel et solide, et ce que la mort ne peut enlever :
car, ajoute l'Ecclésiaste : « Dieu examinera dans son
jugement tout ce que nous aurons fait de bien et de
mal [5] ». Il est donc maintenant aisé de concilier toutes
choses. Le Psalmiste dit [6] « qu'à la mort périront toutes
nos pensées »; oui : celles que nous aurons laissé

---

médiocres à la vérité, mais semblables à ces corps vigoureux où il
semble que tout soit nerf, et où tout
est plein d'esprits. » Bossuet, *Histoire universelle*, III, 5 (dans Jacquinet). « Le reste des *esprits* fit
qu'il (Turenne mourant) se traîna
la longueur d'un pas. » Sévigné,
2 août 1675. Cf. La Bruyère, I, 125
(*Grands écrivains*) : « Le philosophe consume sa vie à observer
les hommes, et il use ses *esprits*
à en démêler les vices et le ridicule. »

1. *Des ressorts qui se déconcertent.* Qui se dérangent. Bossuet a
dit de même, dans ses *Méditations
sur l'Évangile*, 75e jour, *Du jugement dernier* : « Le fidèle, toujours
immobile et inébranlable au milieu
de la nature troublée et de ses

éléments *déconcertés....* » « Un peu
plus, un peu moins de mouvement
dans cette masse fluide *déconcerte-
rait* toute la nature. » Fénelon,
Traité de l'existence de Dieu, II
(dans Jacquinet).

2. *Une machine qui se dissout.*
« Dissoudre : pénétrer un corps solide et en détacher, en séparer
toutes les parties : *Il n'y a rien que
le feu ne puisse dissoudre.* » Dict.
de l'Académie, 1694.

3. *Eccl.* XII, 13.

4. *Voici*, se rapportant à ce qui
précède, au lieu de *voilà*. Il est
bon de remarquer que les diction-
naires du XVIIe siècle ne font pas de
distinction, pour le sens, entre *voici*
et *voilà*.

5. *Eccl.* XII, 14.

6. *Ps.* CXLV, 4.

emporter au monde [1] dont la figure [2] passe et s'éva-
nouit. Car encore que notre esprit soit de nature à vivre
toujours, il abandonne à la mort tout ce qu'il consacre
aux choses mortelles; de sorte que nos pensées, qui
devraient être incorruptibles du côté de leur principe,
deviennent périssables du côté de leur objet. Voulez-vous
sauver quelque chose de ce débris [3] si universel, si inévitable? Donnez à Dieu vos affections; nulle force ne
vous ravira ce que vous aurez déposé en ces mains divines. Vous pourrez hardiment mépriser la mort, à
l'exemple de notre héroïne chrétienne. Mais afin de
tirer d'un si bel exemple toute l'instruction qu'il nous
peut donner, entrons dans une profonde considération [4]
des conduites [5] de Dieu sur elle, et adorons en cette
princesse le mystère de la prédestination et de la grâce.

Vous savez que toute la vie chrétienne, que tout l'ouvrage de notre salut est une suite continuelle de misé-
ricordes [6] : mais le fidèle interprète du mystère de la
grâce, je veux dire le grand Augustin, m'apprend cette
véritable et solide théologie, que c'est dans la première
grâce, et dans la dernière, que la grâce se montre grâce;
c'est-à-dire que c'es. dans la vocation qui nous pré-
vient [7] et dans la persévérance finale qui nous couronne,
que la bonté qui nous sauve paraît toute gratuite et

---

1. *Laissé emporter au monde.*
Cet emploi de *à* pour signifier *par*,
est fréquent après le verbe *laisser* :
« Ne vous *laissez* pas séduire à Sa-
tan. » Bossuet. « Et ne vous *laissez*
pas séduire à vos bontés. » Molière
(*Femm. sav.*, V, 2).

2. *Le monde dont la figure
passe....* C'est le langage même de
l'Écriture : *Præterit figura hujus
mundi*, I Cor., vii, 31.

3. *Ce débris.* Cf. supra, p. 11,
n. 2.

4. Examen.

5. Cf. Pascal, *Pensées* : « Il me
semble seulement que cette lettre

contenait en substance quelques
particularités de la *conduite* de
Dieu *sur* la vie et la maladie. » —
« Voilà les admirables *conduites* de
la sagesse de Dieu *sur* la vie des
saints. » V. pour l'emploi fréquent
au xviiᵉ siècle du mot *conduite* au
sens d'*action de conduire*, plus
loin, p. 306, n. 1, et pour les plu-
riels abstraits, p. 343, n. 5.

6. Cf. p. 343, n. 5.

7. Qui, la première, prenant les
devants, nous porte à faire de bonnes actions. On distingue, en théologie, la grâce *prévenante, gratia
præveniens.*

toute pure. En effet, comme nous changeons deux fois
d'état, en passant premièrement des ténèbres à la lumière, et ensuite de la lumière imparfaite de la foi à la
lumière consommée[1] de la gloire; comme c'est la vocation qui nous inspire la foi, et que c'est la persévérance
qui nous transmet[2] la gloire : il a plu à la divine bonté
de se marquer elle-même au commencement de ces
deux états par une impression[3] illustre[4] et particulière,
afin que nous confessions que toute la vie du chrétien,
et dans le temps qu'il espère, et dans le temps qu'il
jouit, est un miracle de grâce. Que ces deux principaux
moments de la grâce ont été bien marqués par les
merveilles que Dieu a faites pour le salut éternel de
Henriette d'Angleterre! Pour la donner à l'Église, il a
fallu renverser tout un grand royaume. La grandeur de
la maison d'où elle est sortie n'était pour elle qu'un
engagement[5] plus étroit dans le schisme de ses ancêtres : disons, des derniers de ses ancêtres; puisque tout ce qui[6] les précède, à remonter jusqu'aux
premiers temps, est si pieux et si catholique. Mais si les

1. *La lumière consommée.* Parfaite. Cf. plus loin, p. 568, n. 7.
2. Au sens étymologique de *trans-
mittere* : faire passer, arriver à :
« Pour moi, qu'un sang moins noble *a transmis* à la vie.... » Corneille, *Sertorius* II, 2. — « C'est là
que Jésus-Christ a supprimé les
cérémonies de la Loi, qu'il *a transmis* l'Ancien Testament au Nouveau,
changé le sacerdoce lévitique.... »
Fléchier, *Sermons. Messe* (dans Littré). — « L'autre fait revivre Virgile
parmi nous, *transmet* dans notre
langue les grâces et les richesses de
la latine. » La Bruyère, *Discours
à l'Académie.* — On disait encore
au commencement du xviiᵉ siècle :
« *transmettre* un message » pour
« *envoyer* un message. » Diction-
naires de Nicot et de Monet.
3. *Impression.* Empreinte. Cf.
p. 337, n. 6.

4. Éclatante. Cf. p. 96.
5. *Un engagement plus étroit....*
L'enchaînait dans le schisme, l'obli-
geait à y demeurer. L'emploi du
mot *engagement* avec le sens
d'*obligation* est très fréquent au
xviiᵉ siècle. « Le bon esprit nous
découvre notre devoir, notre *engagement* à le faire. » La Bruyère,
Du Mérite personnel. « Avant que
nos penchants soient développés et
que nous sachions ce que nous
sommes, nous nous formons des
engagements éternels (nous nous
lions d'une façon irrévocable).
et nous arrêtons ce que nous
devons être pour toujours. » Mas-
sillon. *Sur la vocation* 1ᵉʳ p.
(dans Littré).
6. Pour l'emploi, fréquent au
xviiᵉ siècle, de *ce qui* servant à
désigner des personnes, cf. p. 551,
n. 1 et plus haut, p. 55, n. 2.

lois de l'État s'opposent à son salut éternel, Dieu ébran-
lera tout l'État pour l'affranchir de ces lois. Il met les
âmes à ce prix; il remue le ciel et la terre pour enfan-
ter ses élus [1]; et comme rien ne lui est cher que ces enfants de sa dilection [2] éternelle, que ces membres insé-
parables de son Fils bien-aimé, rien ne lui coûte, pourvu
qu'il les sauve. Notre princesse est persécutée avant que
de naître, délaissée aussitôt que mise au monde, arrachée, en naissant, à la piété d'une mère catholique,
captive, dès le berceau, des ennemis implacables de sa
maison; et ce qui était plus déplorable, captive des ennemis de l'Église; par conséquent destinée premièrement
par sa glorieuse naissance, et ensuite par sa malheureuse captivité, à l'erreur et à l'hérésie. Mais le sceau de
Dieu était sur elle. Elle pouvait dire avec le Prophète [3] :
« Mon père et ma mère m'ont abandonnée; mais le Seigneur m'a reçue en sa protection. Délaissée de toute
la terre dès ma naissance, je fus comme jetée entre les
bras de sa providence paternelle; et dès le ventre de ma
mère il se déclara mon Dieu. » Ce fut à cette garde fidèle
que la reine sa mère commit ce précieux dépôt. Elle ne
fut point trompée dans sa confiance. Deux ans après, un
coup imprévu et qui tenait du miracle, délivra la princesse des mains des rebelles. Malgré les tempêtes de
l'Océan, et les agitations encore plus violentes de la

---

1. C'est là encore une idée chère
à Bossuet. Tout, dans l'histoire,
comme dans l'univers matériel, est
fait en vue des *élus*, de leur salut,
de leur félicité éternelle. Dès 1648,
dans une méditation curieuse sur la
Béatitude des Saints, il écrivait :
« Les peuples ne durent que tant
qu'il y a des élus à tirer de leur
multitude. »

2. *Dilection.* « Amour, charité.
Terme de dévotion. La *dilection* du
prochain. C'est aussi un terme dont
le pape et l'empereur se servent en
écrivant à certains princes. Salut et

dilection. J'ai écrit à votre *dilection.* » Dict. de l'Académie. 1694. —
« Servons-le donc (J.-C.), fidèles,
dans la liberté de la sainte *dilection.* » Bossuet, II° *Serm. sur la
Circoncision.* « Il n'y a rien de
plus noble dans l'Évangile que cette
loi de *dilection* (aimer nos ennemis). Fléchier (dans Littré).

3. *Pater meus et mater mea de-
reliquerunt me; Dominus autem
assumpsit me. — In te projectus
sum ex utero; de ventre matris
meæ Deus meus es tu.* (Ps. XXVI,
10, XXI, 11.)

terre, Dieu la prenant sur ses ailes, comme l'aigle prend
ses petits, la porta lui-même dans ce royaume; lui-
même la posa dans le sein de la reine sa mère, ou plutôt
dans le sein de l'Église catholique. Là elle apprit les
maximes de la piété véritable, moins par les instructions
qu'elle y recevait, que par les exemples vivants de cette
grande et religieuse reine. Elle a imité ses pieuses libé-
ralités. Ses aumônes toujours abondantes se sont répandues principalement sur les catholiques d'Angleterre,
dont elle a été la fidèle protectrice. Digne fille de saint
Édouard[1] et de saint Louis, elle s'attacha du fond de son
cœur à la foi de ces deux grands rois. Qui pourrait assez
exprimer le zèle dont elle brûlait pour le rétablissement
de cette foi dans le royaume d'Angleterre où l'on en con-
serve encore tant de précieux monuments? Nous savons
qu'elle n'eût pas craint d'exposer sa vie pour un si pieux
dessein : et le ciel nous l'a ravie! O Dieu! que prépare ici
votre éternelle providence? Me permettez-vous, ô Seigneur, d'envisager en tremblant vos saints et redoutables conseils[2]? Est-ce que les temps de confusion ne sont
pas encore accomplis? Est-ce que le crime qui fit céder
vos vérités saintes à des passions malheureuses[3] est
encore devant vos yeux, et que vous ne l'avez pas assez
puni par un aveuglement de plus d'un siècle? Nous
ravissez-vous Henriette, par un effet du même jugement
qui abrège les jours de la reine Marie[4], et son règne si
favorable à l'Église? ou bien voulez-vous triompher seul?
et en nous ôtant les moyens dont nos désirs se flattaient,
réservez-vous dans les temps marqués par votre prédestination[5] éternelle de secrets retours à l'État et à la mai-

1. Edouard le Confesseur, roi
saxon d'Angleterre (1011-1066).
2. *Conseils*. Cf., p. 302, n. 2.
3. *Passions*. Sur les causes du
schisme de Henri VIII, voir l'*Histoire
des Variations*, livres VII et X,
et notre ouvrage sur *Bossuet histo-*
rien du protestantisme, p. 590-594.
4. La reine Marie, fille de
Henri VIII, et, au contraire de son
père, très attachée au catholicisme,
ne régna que cinq ans (1553-1558).
5. *Prédestination* : « dessein que
Dieu a formé de toute éternité de

son d'Angleterre[1]? Quoi qu'il en soit, ô grand Dieu! recevez-en aujourd'hui les bienheureuses prémices en la personne de cette princesse. Puisse toute sa maison et tout le royaume suivre l'exemple de sa foi! Ce grand roi, qui remplit de tant de vertus le trône de ses ancêtres[2], et fait louer tous les jours la divine main qui l'y a rétabli comme par miracle, n'improuvera[3] pas notre zèle, si nous souhaitons devant Dieu que lui et tous ses peuples soient comme nous. *Opto apud Deum…, non tantum te, sed etiam omnes…. fieri tales, qualis et ego sum.* Ce souhait est fait pour les rois, et saint Paul étant dans les fers le fit la première fois en faveur du roi Agrippa[4]; mais saint Paul en exceptait ses liens,

---

conduire par sa grâce certains hommes au salut éternel. » Bergier, *Dict. de théologie.*

1. Au moment où Bossuet prononçait ces paroles, la maison royale d'Angleterre était déjà divisée par le retour de quelques-uns de ses membres à la foi catholique. Une année avant la mort de Henriette, le duc d'York avait déclaré, au roi, son frère, sa résolution arrêtée d'abjurer le protestantisme; Charles répondit sans hésiter qu'il était disposé à entrer dans la même voie, pourvu que le roi de France s'engageât à le soutenir contre toute résistance de ses sujets. Une négociation fut donc entamée, et le 22 mai 1670 les commissaires des deux rois signèrent un traité dont les articles secrets furent portés au roi d'Angleterre par la duchesse d'Orléans (voir la *notice*, p. 140-141). Charles resta protestant; le duc d'York, plus courageux, persévéra dans sa résolution. On apprit bientôt que la duchesse mourante avait refusé les secours de son confesseur protestant. Deux ans après, le bruit se répandit que Jacques venait d'épouser en secondes noces une princesse catholique, sœur du

duc régnant de Modène (30 septembre 1683). Aussitôt les services du duc d'York furent oubliés: l'opposition se souleva contre lui avec une violence inouïe: il dut renoncer à ses emplois et se retirer à Bruxelles: deux fois les Communes proposèrent son exclusion du trône. Jacques succéda cependant à Charles; mais le prince d'Orange, son gendre, n'eut qu'à se présenter en Angleterre pour lui enlever la couronne.

2. Sur cet éloge de Charles II, voir la *notice* de l'*Or. funèbre*; le renvoi de la n. 2 de la p. 34, et Macaulay, *Essai* sur Milton, *Œuvres diverses*, tr. Am. Pichot, t. I.

3. Ne désapprouvera pas. « Ils ont raison *d'improuver* ce sentiment. » Pascal, *Provinciales*, IX. « C'est un mariage tellement *improuvé* que je crois qu'on ne verra plus la mère. » Sévigné. « Il y a déjà longtemps que l'on *improuve* les médecins et que l'on s'en sert. » La Bruyère, II. 197 (*Grands écrivains*).

4. *Act. Apost.*, XXVI, 28 et 29. — Agrippa: roi de Judée, devant lequel saint Paul fut amené, après avoir été retenu deux ans captif à Césarée par le gouverneur romain.

exceptis vinculis his : et nous, nous souhaitons principalement que l'Angleterre, trop libre dans sa croyance, trop licencieuse[1] dans ses sentiments, soit enchaînée comme nous de ces bienheureux liens qui empêchent l'orgueil humain de s'égarer dans ses pensées, en le captivant[2] sous l'autorité du Saint-Esprit et de l'Église.

Après vous avoir exposé le premier effet de la grâce de Jésus-Christ en notre princesse, il me reste, Messieurs, de[3] vous faire considérer le dernier qui couronnera tous les autres. C'est par cette dernière grâce que la mort change de nature pour les chrétiens, puisqu'au lieu qu'elle semblait être faite pour nous dépouiller de tout, elle commence, comme dit l'Apôtre[4], à nous revêtir, et nous assure éternellement la possession des biens véritables. Tant que nous sommes détenus[5] dans cette demeure mortelle, nous vivons assujettis aux changements, parce que, si vous me permettez de parler ainsi, c'est la loi du pays que nous habitons; et nous ne possédons aucun bien, même dans l'ordre de la grâce, que nous ne puissions perdre un moment après par la mutabilité[6] naturelle de nos désirs. Mais aussitôt qu'on cesse pour nous de compter les heures, et de mesurer notre vie par les jours et par les années, sortis des figures[7]

---

1. *Licencieuse.* Déréglée. Ce mot avait au XVIIᵉ siècle un sens beaucoup plus général que de nos jours. « Ces explications *licencieuses* font trouver tout ce qu'on veut dans l'Écriture. » Bossuet. *Histoire des Variations*, I. II. « De là vient que le peuple trop *licencieux*, abusant du pouvoir qu'on lui avait laissé, en a été dépouillé sans contradiction. » Fénelon, *Du minist. des pasteurs*, XV (dans Littré).

2. En l'enchaînant.

3. II *Cor.*, V, 3.

4. *Il me reste de.* Emploi de la préposition *de* fréquent au XVIIᵉ siècle.

5. *Détenus*, dans un sens plus large que celui d'aujourd'hui et même que celui du XVIIᵉ siècle : « retenir injustement, retenir ce qui n'est point à soi ». Dict. de l'Académie, 1694.

6. *Mutabilité.* Mot très employé au XVIIᵉ siècle pour signifier *inconstance*. « L'inconstance, la *mutabilité* des esprits est ce qui a donné occasion à faire des vœux » Dict. de Furetière, 1690.

7. Les images, les apparences. C'est le sens scolastique du mot *figura*. « Ah! l'homme passe vraiment de même qu'une ombre ou de même qu'une image en *figure*. » Bossuet, *Sermon sur la Mort*, 1ᵉʳ p.

qui passent et des ombres qui disparaissent, nous arrivons au règne de la vérité où nous sommes affranchis de la loi des changements. Ainsi notre âme n'est plus en péril, nos résolutions ne vacillent plus : la mort, ou plutôt la grâce de la persévérance finale, a la force de les fixer; et de même que le testament de Jésus-Christ, par lequel il se donne à nous, est confirmé à jamais, suivant le droit des testaments et la doctrine de l'Apôtre[1], par la mort de ce divin testateur; ainsi la mort du fidèle fait que ce bienheureux testament, par lequel de notre côté nous nous donnons au Sauveur, devient irrévocable. Donc, Messieurs, si je vous fais voir encore une fois Madame aux prises avec la mort, n'appréhendez rien pour elle; quelque cruelle que la mort vous paraisse, elle ne doit servir à cette fois[2] que pour accomplir l'œuvre de la grâce et sceller en cette princesse le conseil[3] de son éternelle prédestination. Voyons donc ce dernier combat[4]; mais encore un coup affermissons-nous. Ne mêlons point de faiblesse à une si forte action, et ne déshonorons point par nos larmes une si belle victoire. Voulez-vous voir combien la grâce qui a fait triompher Madame a été puissante? voyez combien la mort a été terrible. Premièrement elle a plus de prise sur une princesse qui a tant à perdre. Que d'années elle va ravir à cette jeunesse! que de joie elle enlève à cette fortune! que de gloire elle ôte à ce mérite! D'ailleurs, peut-elle venir ou plus prompte ou plus cruelle? C'est ramasser toutes ses forces, c'est unir tout ce qu'elle a de plus redoutable, que de joindre, comme elle fait, aux plus vives douleurs l'attaque la plus imprévue. Mais quoique, sans menacer et sans avertir, elle se fasse sentir tout entière dès le premier coup, elle trouve la princesse prête. La grâce

1. *Hebr.* IV, 15.
2. *A cette fois.* Cf. p. 118, n. 4.
3. Cf. p. 33, n. 4.
4. On a rapproché avec raison de ce passage un bel endroit de Saint-Simon, *Mémoires*, éd. Chéruel et Régnier, t. IX, p. 226, à propos de la mort prématurée du duc de Bourgogne.

plus active encore l'a déjà mise en défense. Ni la gloire
ni la jeunesse n'auront un soupir. Un regret immense
de ses péchés ne lui permet pas de regretter autre
chose. Elle demande le crucifix sur lequel elle avait vu
expirer la reine sa belle-mère, comme pour y recueillir
les impressions[1] de constance et de piété que cette âme
vraiment chrétienne y avait laissées avec les derniers
soupirs[2]. A la vue d'un si grand objet, n'attendez pas de
cette princesse des discours étudiés et magnifiques : une
sainte simplicité fait ici toute la grandeur. Elle s'écrie :
« O mon Dieu, pourquoi n'ai-je pas toujours mis en vous
ma confiance? » Elle s'afflige, elle se rassure, elle con-
fesse humblement et avec tous les sentiments d'une profonde douleur que de ce jour seulement elle commence
à connaître Dieu, n'appelant pas le connaître que de
regarder encore tant soit peu le monde. Qu'elle nous
parut au-dessus de ces lâches chrétiens qui s'imaginent
avancer leur mort quand ils préparent leur confession,
qui ne reçoivent les saints sacrements que par force,
dignes certes de recevoir pour leur jugement ce mystère
de piété qu'ils ne reçoivent qu'avec répugnance. Madame
appelle les prêtres plutôt que les médecins. Elle demande
d'elle-même les sacrements de l'Église, la Pénitence avec
componction, l'Eucharistie avec crainte et puis avec confiance, la sainte onction des mourants avec un pieux
empressement. Bien loin d'en être effrayée, elle veut la
recevoir avec connaissance; elle écoute l'explication de
ces saintes cérémonies, de ces prières apostoliques qui,
par une espèce de charme divin, suspendent les douleurs
les plus violentes, qui font oublier la mort (je l'ai vu
souvent) à qui les écoute avec foi; elle les suit, elle s'y
conforme; on lui voit paisiblement présenter son corps
à cette huile sacrée, ou plutôt au sang de Jésus, qui

---

1. *Impressions.* Pour l'emploi de
ce mot au sens de *empreinte*,
cf. plus loin, p. 537, n. 6.

2. Lamartine, dans sa pièce du
Crucifix, peut s'être rappelé ce
passage.

coule si abondamment avec cette précieuse liqueur. Ne
croyez pas que ses excessives et insupportables douleurs
aient tant soit peu troublé sa grande âme. Ah! je ne
veux plus tant admirer les braves ni les conquérants.
Madame m'a fait connaître la vérité de cette parole du
Sage[1] : « Le patient vaut mieux que le fort[2], et celui qui
dompte son cœur vaut mieux que celui qui prend des
villes. » Combien a-t-elle été maîtresse du sien! Avec
quelle tranquillité a-t-elle satisfait à tous ses devoirs!
Rappelez en votre pensée ce qu'elle dit à Monsieur[3].
Quelle force! quelle tendresse! O paroles qu'on voyait
sortir de l'abondance d'un cœur qui se sent au-dessus de
tout, paroles que la mort présente et que Dieu plus présent encore ont consacrées, sincère production[4] d'une
âme qui, tenant au ciel, ne doit plus rien à la terre que
la vérité, vous vivrez éternellement dans la mémoire des
hommes, mais surtout vous vivrez éternellement dans le
cœur de ce grand prince. Madame ne peut plus résister
aux larmes qu'elle lui voit répandre. Invincible par tout
autre endroit[5], ici elle est contrainte de céder. Elle prie
Monsieur de se retirer, parce qu'elle ne veut plus sentir
de tendresse que pour ce Dieu crucifié qui lui tend les
bras. Alors qu'avons-nous vu? qu'avons-nous ouï? Elle
se conformait aux ordres de Dieu; elle lui offrait ses
souffrances en expiation de ses fautes; elle professait
hautement la foi catholique et la résurrection des morts,
cette précieuse consolation des fidèles mourants. Elle
excitait le zèle de ceux qu'elle avait appelés pour l'exciter

---

1. *Melior est patiens viro forti;
et qui dominatur animo suo, ex-
pugnatore urbium.* (Prov. XVI, 52.)
2. Var. : de la première édition :
que le brave.
3. Cf. pour tous ces détails, la
Notice et les récits de la mort de
Henriette que nous donnons en appendice à l'oraison funèbre.
4. *Production.* Au sens étymolo-

gique de *edere*, *proferre*. Cf. Bossuet, Sermon sur l'*Amour des
plaisirs*, II° p. » L'âme, faisant un
dernier effort pour courir après son
bien qu'on lui ravit, *produit* en
elle-même cette passion que nous
appelons le regret et le déplaisir.»
5. *Par tout autre endroit.* Pour
les différents sens de ce mot au
XVII° siècle, cf. p. 369, n. 2.

elle-même, et ne voulait point qu'ils cessassent un moment de l'entretenir des vérités chrétiennes. Elle souhaita mille fois d'être plongée au sang[1] de l'Agneau : c'était un nouveau langage que la grâce lui apprenait. Nous ne voyions en elle ni cette ostentation par laquelle on veut tromper les autres, ni ces émotions d'une âme alarmée par lesquelles on se trompe soi-même[2]. Tout était simple, tout était solide[3], tout était tranquille ; tout partait d'une âme soumise et d'une source sanctifiée par le Saint-Esprit.

En cet état, Messieurs, qu'avions-nous à demander à Dieu pour cette princesse, sinon qu'il l'affermît dans le bien, et qu'il conservât en elle les dons de sa grâce. Ce grand Dieu nous exauçait ; mais souvent, dit saint Augustin[4], en nous exauçant il trompe heureusement notre prévoyance. La princesse est affermie dans le bien d'une manière plus haute que celle que nous entendions. Comme Dieu ne voulait plus exposer aux illusions[5] du monde les sentiments d'une piété si sincère, il a fait ce que dit le Sage : « Il s'est hâté[6]. » En effet, quelle diligence! en neuf heures l'ouvrage est accompli. « Il s'est hâté de la tirer du milieu des iniquités. » Voilà, dit le grand saint Ambroise, la merveille de la mort dans les chrétiens. Elle ne finit pas leur vie ; elle ne finit que leurs péchés[7] et les périls où ils sont exposés. Nous nous sommes plaints que la mort ennemie

1. *Plongée au sang.* Pour l'emploi fréquent de *à* au sens de *dans*, cf. p. 301, n. 3. Cf. Molière *Avare*, I, 1 : « Je trouve de quoi avoir raison *aux* choses que je fais. » Id. *Femmes savantes*, IV, 3 : « On souffre *aux* entretiens (dans la conversation) ces sortes de combats ‖ Pourvu qu'à la personne on ne s'attaque pas. » Et Racine, *Iphigénie*, V, 4 : « [Je] rentre *au* trouble affreux dont à peine je sors. »
2. Cf. sermon sur l'*Impénitence* finale, *Sermons choisis*, éd. cl. Hachette, p. 220.
3. Var. de la première édition : solide.
4. *In Epist. Joan.* Tract. VI, n. 7, 8.
5. *Illusions.* Au sens actif : *mensonges.*
6. *Prosperavit educere... de medio iniquitatum.* (Sap. IV, 14.)
7. *Finis factus est erroris, quia culpa, non natura deficit.* (S. Ambr.. *De mom. mortis,* 10, n. 58.)

des fruits que nous promettait la princesse, les a ravagés
dans la fleur, qu'elle a effacé, pour ainsi dire sous le
pinceau même, un tableau qui s'avançait à la perfection
avec une incroyable diligence, dont les premiers traits,
dont le seul dessin montrait déjà tant de grandeur.
Changeons maintenant de langage; ne disons plus que
la mort a tout d'un coup arrêté le cours de la plus
belle vie du monde et de l'histoire qui se commençait[1]
le plus noblement; disons qu'elle a mis fin aux plus
grands périls dont une âme chrétienne peut être as-
saillie. Et pour ne point parler ici des tentations infinies qui attaquent à chaque pas la faiblesse humaine,
quel péril n'eût point trouvé cette princesse dans sa
propre gloire? La gloire, qu'y a-t-il pour le chrétien
de plus pernicieux et de plus mortel; quel appas plus
dangereux? quelle fumée plus capable de faire tourner
les meilleures têtes? Considérez la princesse; représen-
tez-vous cet esprit qui, répandu par[2] tout son extérieur,
en rendait les grâces si vives : tout était esprit, tout
était bonté. Affable à tous avec dignité, elle savait esti-
mer les uns sans fâcher les autres; et quoique le mérite fût distingué, la faiblesse ne se sentait pas dédai-
gnée. Quand quelqu'un traitait avec elle, il semblait
qu'elle eût oublié son rang pour ne se soutenir[3] que par
sa raison. On ne s'apercevait presque pas qu'on parlât
à une personne si élevée; on sentait seulement au fond
de son cœur qu'on eût voulu lui rendre au centuple la
grandeur dont elle se dépouillait si obligeamment. Fidèle[4] en ses paroles, incapable de déguisement, sûre

1. *Se commençait.* Cf. Malherbe :
« Le couplet qui *se commence,* ô
mort.... » (dans Chassang, *Gramm.
française, cours supérieur,* § 283)
On disait aussi : *se déborder.*

2. *Par tout son extérieur. Par :*
en, dans, avec l'idée de mouvement
dans l'espace indiqué : « Lui donna

trois ou quatre coups tant *par* la
poitrine que *par* la gorge. » Godefroy, *Dict. de l'anc. langue française.* — Emploi de *par* devenu
familier.

3. Soutenir sa supériorité. Cf.
plus loin, p. 308, n. 5.

4. Sincère, vrai. « Et Dieu trouvé

à [1] ses amis, par la lumière et la droiture de son esprit
elle les mettait à couvert de vains ombrages [2] et ne leur
laissait à craindre que leurs propres fautes. Très recon-
naissante des services, elle aimait à prévenir les injures
par sa bonté, vive à [3] les sentir, facile à les pardonner.
Que dirai-je de sa libéralité? Elle donnait non seulement avec joie, mais avec une grandeur d'âme qui
marquait tout ensemble et le mépris du don et l'estime
de la personne. Tantôt par des paroles touchantes,
tantôt même par son silence, elle relevait ses présents;
et cet art de donner agréablement qu'elle avait si bien
pratiqué durant sa vie, l'a suivie, je le sais [4], jusqu'entre
les bras de la mort. Avec tant de grandes et tant d'aima-
bles qualités, qui eût pu lui refuser son admiration?
Mais, avec son crédit, avec sa puissance, qui n'eût voulu
s'attacher à elle? N'allait-elle pas gagner tous les cœurs,
c'est-à-dire la seule chose qu'ont à gagner [5] ceux à qui la
naissance et la fortune semblent tout donner? Et si cette
haute élévation est un précipice affreux pour les chrétiens,
ne puis-je pas dire, Messieurs, pour me servir des paroles

fidèle en toutes ses menaces. »
Racine, *Athalie*, I, 1, Cf. plus loin
(oraison funèbre d'Anne de Gonzague), p. 329, n. 4.

1. *A ses amis.* Cf. p. 323, n. 7.
2. Défiances, susceptibilités. Ce
mot, très fréquent dans ce sens au
temps de Bossuet, paraît avoir été
plutôt employé alors, comme de nos
jours, au singulier.
3. Cf., p. 433, n. 1.
4. Cf. p. 73 (*Appendice*). — Le
cardinal Maury (dans son *Essai sur
l'Eloquence*) raconte que, quand
Bossuet dut prononcer l'éloge de la
duchesse, « ce rapprochement du
présent fait à l'évêque de Condom,
et de l'heureuse inspiration du roi
qui le chargeait de l'oraison funèbre, frappa tous les esprits ». On
exprimait seulement quelques re-
grets de ce que les bienséances

de la chaire ne lui permettraient
peut-être point de rappeler dans
cet éloge un legs aussi honorable
pour la princesse que pour l'ora-
teur. « *Eh! pourquoi pas?* dit-il
dans un premier mouvement de
reconnaissance.... Il sut justifier
sa promesse. » « Je ne sais, ajoute
M. Jacquinet (Edit. des *Oraisons
funèbres*, p. 151) d'où l'abbé Maury
a tiré cette anecdote. Elle fait du
célèbre *Je le sais* l'acquittement
d'une sorte de gageure convenue
d'avance. On aime mieux croire
que Bossuet satisfit simplement
son cœur en témoignant person-
nellement et si dignement en chaire
de cet *art de donner* où Madame
excellait. » Cf. Floquet, *Études sur
la vie de Bossuet*, t. III, p. 283.
5. Var. de la première édition :
qui reste à gagner à ceux....

fortes du plus grave[1] des historiens, « qu'elle allait être précipitée dans la gloire[2]? » Car quelle créature fut jamais plus propre à être l'idole du monde? Mais ces idoles que le monde adore, à combien de tentations délicates[3] ne sont-elles pas exposées? La gloire, il est vrai, les défend de quelques faiblesses; mais la gloire les défend-elle de la gloire même? ne s'adorent-elles pas secrètement? ne veulent-elles pas être adorées? que n'ont-elles pas à craindre de leur amour-propre, et que peut se refuser la faiblesse humaine, pendant que le monde lui accorde tout? n'est-ce pas là qu'on apprend à faire servir à l'ambition, à la grandeur, à la politique, et la vertu, et la religion, et le nom de Dieu? La modération que le monde affecte n'étouffe pas les mouvements de la vanité, elle ne sert qu'à les cacher; et plus elle ménage[4] le dehors, plus elle livre le cœur aux sentiments les plus délicats et les plus dangereux de la fausse gloire. On ne compte plus que soi-même, et on dit au fond de son cœur: « Je suis, et il n'y a que moi sur la terre[5]. » En cet état, Messieurs, la vie n'est-elle pas un péril, la mort n'est-elle pas une grâce? Que ne doit-on pas craindre de ses vices, si les bonnes qualités sont si dangereuses? N'est-ce donc pas un bienfait de Dieu d'avoir abrégé les tentations avec les jours de Madame, de l'avoir arrachée à sa propre gloire, avant que cette gloire par son excès eût mis en hasard[6] sa modération?

1. « *Grave*, sérieux, qui agit, qui parle avec un air sage, avec dignité et circonspection. — On appelle *auteur grave*, un auteur qui est de grande considération (c.-à-d. très estimé) dans la matière dont il traite. » Dict. de l'Académie, 1694. Ces deux sens se mêlent ici.
2. « Tacite, *Agricola*, 12 : « C'est ainsi que ses propres vertus en même temps que les vices d'autrui *précipitaient* Agricola dans la gloire. »

3. *Délicates*, d'une nature relevée, tentations d'amour-propre, de vanité, de générosité même. Voir la *Notice*, p. 15.
4. *Ménage*. Cf. p. 356, n. 9.
5. *Ego sum, et præter me non est altera.* (Ps. XLVII, 10.)
6. *Mettre en hasard.* Exposer, compromettre. « Le mettre en hasard. » Dict. de l'Académie, 1694. Cf. « Souvent le vaincu a *mis en hasard* le victorieux, et d'un bout d'épée on a tué celui à qui on avait demandé

Qu'importe que sa vie ait été si courte? jamais ce qui doit finir ne peut être long. Quand nous ne compterions point ses confessions plus exactes, ses entretiens de dévotion plus fréquents, son application plus forte à la piété dans les derniers temps de sa vie, ce peu d'heures, saintement passées parmi les plus rudes épreuves et dans les sentiments les plus purs du Christianisme, tiennent lieu toutes seules d'un âge accompli[1]. Le temps a été court, je l'avoue; mais l'opération de la grâce a été forte, mais la fidélité[2] de l'âme a été parfaite. C'est l'effet d'un art consommé de réduire en petit tout un grand ouvrage, et la grâce, cette excellente ouvrière, se plaît quelquefois à renfermer en un jour la perfection d'une longue vie. Je sais que Dieu ne veut pas qu'on s'attende à de tels miracles; mais si la témérité insensée des hommes abuse de ses bontés, son bras pour cela n'est pas raccourci et sa main n'est pas affaiblie. Je me confie pour Madame en cette miséricorde qu'elle a si sincèrement et si humblement réclamée. Il semble que Dieu ne lui ait conservé le jugement libre jusques au dernier soupir qu'afin de faire durer les témoignages de sa foi. Elle a aimé en mourant le Sauveur Jésus; les bras lui ont manqué plutôt[3] que l'ardeur d'embrasser la croix; j'ai vu sa main défaillante chercher encore en tombant de nouvelles forces pour appliquer sur ses lèvres ce bien-heureux signe de notre rédemption; n'est-ce pas mourir entre les bras et dans le baiser du Seigneur? Ah! nous

---

la vie. » Balzac, *le Prince*. « Je n'aurais pas voulu vous *mettre en hasard* non plus que madame votre mère. » Voiture à Mlle de Chalais, *Hasard* était alors synonyme de péril. « Ces fruits ne se peuvent cueillir sans *hasard*, parce qu'ils sont mêlés parmi les poisons, parce qu'ils croissent dans les précipices. » Balzac, *Socrate Chrétien*, disc. v.
1. *D'un âge accompli*, c'est-à-dire

d'une *vie ayant atteint sa durée ordinaire*. Cf. le latin *complere* : « Ilic sua complevit tempora. » Ovide, *Métam.*, xv, 816. — M. Jacquinet compare, avec raison, pour l'idée, Sénèque, *Epist.*, 93.
2. L'obéissance. Cf. *Or. fun. d'Anne de Gonzague*, p. 299, n. 2.
3. *Plutôt* est pris ici comme souvent au xviie siècle, dans son accep-

pouvons achever ce saint sacrifice pour le repos de Madame
avec une pieuse confiance. Ce Jésus en qui elle a espéré,
dont elle a porté la croix en son corps par des douleurs
si cruelles, lui donnera encore son sang, dont elle est déjà
toute teinte, toute pénétrée, par la participation à ses
sacrements et par la communion avec ses souffrances.

Mais en priant pour son âme, Chrétiens, songeons à
nous-mêmes. Qu'attendons-nous pour nous convertir?
Quelle dureté est semblable à la nôtre, si un accident si
étrange[1], qui devrait nous pénétrer jusqu'au fond de
l'âme, ne fait que nous étourdir pour quelques moments[2]?
Attendons-nous que Dieu ressuscite les morts pour nous
instruire? Il n'est point nécessaire que les morts revien-
nent, ni que quelqu'un sorte du tombeau, ce qui entre
aujourd'hui dans le tombeau doit suffire pour nous convertir. Car si nous savons nous connaître, nous confesse-
rons, Chrétiens, que les vérités de l'éternité sont assez
bien établies; nous n'avons rien que de faible à leur
opposer; c'est par passion, et non par raison, que nous
osons les combattre. Si quelque chose les empêche de
régner sur nous, ces saintes et salutaires vérités, c'est
que le monde nous occupe[3], c'est que les sens nous en-
chantent[4], c'est que le présent nous entraîne. Faut-il un
autre spectacle pour nous détromper et des sens et du
présent et du monde? La Providence divine pouvait-elle
nous mettre en vue[5], ni de plus près, ni[6] plus fortement,
la vanité des choses humaines? Et si nos cœurs s'endur-
cissent après un avertissement si sensible, que lui reste-
t-il autre chose que[7] de nous frapper nous-mêmes sans
miséricorde? Prévenons un coup si funeste, et n'atten-

tion propre de « plus prompte-
ment ».

1. Cf. p. 350, n. 1. Extraordinaire.
2. Cf. Sermon sur la Mort, éd. cl.
Hachette, p. 286: « C'est une étrange
faiblesse de l'esprit humain que
jamais la mort ne lui soit présente. »

3. Au sens du latin occupare.
envahir. Cf. p. 108, n. 5.
4. Nous abusent, comme par un
enchantement magique.
5. Nous mettre sous les yeux.
6. Ni... ni. Cf. p. 322, n. 1.
7. Que. Sinon. Cf. p. 526, n. 2.

dons pas toujours des miracles de la grâce[1]. Il n'est rien
de plus odieux à la souveraine puissance que de la vouloir
forcer par des exemples et de lui faire une loi de ses
grâces et de ses faveurs. Qu'y a-t-il donc, Chrétiens, qui
puisse nous empêcher de recevoir[2], sans différer, ses
inspirations? Quoi! le charme[3] de sentir est-il si fort que
nous ne puissions rien prévoir? Les adorateurs des grandeurs humaines seront-ils satisfaits de leur fortune,
quand ils verront que dans un moment leur gloire passera
à leur nom, leurs titres à leurs tombeaux, leurs biens à
des ingrats, et leurs dignités peut-être à leurs envieux?
Que si nous sommes assurés qu'il viendra un dernier
jour où la mort nous forcera à confesser toutes nos
erreurs, pourquoi ne pas mépriser par raison ce qu'il
faudra un jour mépriser par force? Et quel est notre
aveuglement si, toujours avançants vers notre fin, et
plutôt mourants que vivants, nous attendons les derniers
soupirs pour prendre les sentiments que la seule pensée
de la mort nous devrait inspirer à tous les moments de
notre vie? Commencez aujourd'hui à mépriser les faveurs
du monde; et toutes les fois que vous serez dans ces
lieux augustes, dans ces superbes palais à qui Madame
donnait un éclat que vos yeux recherchent encore; toutes
les fois que, regardant cette grande place qu'elle rem-
plissait si bien, vous sentirez qu'elle y manque, songez
que cette gloire que vous admiriez faisait son péril en
cette vie, et que dans l'autre elle est devenue le sujet[4]

1. Sermon *sur l'Impénitence finale*, éd. cl. Hachette, p. 225, 231, etc.; *Sur l'Ardeur de la pénitence*, ibid., p. 520.
2. Var. de la première édition : Recevez donc, sans différer, ses inspirations, et ne tardez pas à vous convertir.
3. Pour le sens du mot *charme* au XVIIe siècle, cf. p. 319, n. 4; 388, n. 1.
4. *Sujet*. Objet. « Elle, que j'a-vais vue si attentive pendant que je rendais le même devoir à sa mère, devait être sitôt après le sujet d'un discours semblable. » « Ce doit vous être assez de m'avoir abusée, sans faire encor de moi vos sujets de risée. » Corneille, *Suivante*, V, 3. — « Lorsque de notre Crète il traversa les flots ‖ Digne sujet des vœux des filles de Minos. » Racine, *Phèdre*, II, 5.

d'un examen rigoureux, où rien n'a été capable de la
rassurer que[1] cette sincère résignation qu'elle a eue
aux ordres de Dieu et les saintes humiliations de la pénitence.

RELATION

DE LA MORT DE MADAME

A LA SUITE DE SON « HISTOIRE »

PAR Mme DE LA FAYETTE

(Extraits.)

Le dimanche, 29 juin.... elle alla entendre [la messe], et
en revenant dans sa chambre, elle s'appuya sur moi, et me dit
avec cet air de bonté qui lui était si particulier, qu'elle ne serait
pas de si méchante humeur si elle pouvait causer avec moi :
mais qu'elle était si lasse de toutes les personnes qui l'environ-
naient qu'elle ne les pouvait plus supporter.

Elle alla ensuite voir peindre Mademoiselle, dont un excellent
peintre anglais faisait le portrait, et elle se mit à parler à
Mme d'Epernon et à moi de son voyage d'Angleterre et du
Roi son frère.

Cette conversation qui lui plaisait lui redonna de la joie; on
servit le dîner, elle mangea comme à son ordinaire, et après le
dîner elle se coucha sur des carreaux[2] ; ce qu'elle faisait assez
souvent lorsqu'elle était en liberté ; elle m'avait fait mettre
auprès d'elle, en sorte que sa tête était quasi sur moi.

Le même peintre anglais peignait Monsieur; on parlait de
toutes sortes de choses, et cependant elle s'endormit. Pendant
son sommeil elle changea si considérablement, qu'après l'avoir
longtemps regardée j'en fus surprise, et je pensai qu'il fallait

---

1. Cf. p. 326, n. 2. | 2. Nom des *coussins* au XVIIe siècle.

que son esprit contribuât fort à parer son visage, puisqu'il le rendait si agréable lorsqu'elle était éveillée, et qu'elle l'était si peu quand elle était endormie; j'avais tort néanmoins de faire cette réflexion, car je l'avais vue dormir plusieurs fois, et je ne l'avais pas vue moins aimable.

Après qu'elle fut éveillée, elle se leva du lieu où elle était; mais avec un si mauvais visage, que Monsieur en fut surpris et me le fit remarquer.

Elle s'en alla ensuite dans le salon où elle se promena quelque tems avec Boisfranc, trésorier de Monsieur, et en lui parlant elle se plaignit plusieurs fois de son mal de côté.

Monsieur descendit pour aller à Paris, où il avait résolu de se rendre; il trouva Mme de Meckelbourg sur le degré, et remonta avec elle; Madame quitta Boisfranc et vint à Mme de Meckelbourg; comme elle parlait à elle, Mme de Gamaches lui apporta, aussi bien qu'à moi, un verre d'eau de chicorée, qu'elle avait demandé il y avait déjà quelque temps; Mme de Gourdon, sa dame d'atour, le lui présenta. Elle le but, et en remettant d'une main la tasse sur sa soucoupe, de l'autre elle se prit le côté, et dit avec un ton qui marquait beaucoup de douleur: « Ah! quel point de côté! ah! quel mal! je n'en puis plus! »

Elle rougit en prononçant ces paroles, et dans le moment d'après elle pâlit d'une pâleur livide qui nous surprit tous; elle continua de crier, et dit qu'on l'emportât comme ne pouvant plus se soutenir.

Nous la prîmes sous les bras. Elle marchait à peine, et toute courbée; on la déshabilla dans un instant; je la soutenais pendant qu'on la délaçait; elle se plaignait toujours, et je remarquai qu'elle avait les larmes aux yeux; j'en fus étonnée et attendrie, car je la connaissais pour la personne du monde la plus patiente.

Je lui dis, en lui baisant les bras que je soutenais, qu'il fallait qu'elle souffrît beaucoup. Elle me dit que cela était inconcevable; on la mit au lit, et sitôt qu'elle y fut, elle cria encore plus qu'elle n'avait fait, et se jeta d'un côté et d'un autre, comme une personne qui souffrait infiniment. On alla en même temps appeler son premier médecin, M. Esprit; il vint, et dit que c'était la colique, et ordonna les remèdes ordinaires à de semblables maux. Cependant les douleurs étaient inconcevables. Madame dit que son mal était plus considérable qu'on ne pensait, qu'elle allait mourir, qu'on lui allât quérir un confesseur.

Monsieur était devant son lit ; elle l'embrassa, et lui dit avec une douceur, et un air capable d'attendrir les cœurs les plus barbares : « Hélas ! Monsieur, vous ne m'aimez plus il y a long-temps, mais cela est injuste ; je ne vous ai jamais manqué. » Monsieur parut fort touché, et tout ce qui était dans sa chambre l'était tellement, qu'on n'entendait plus que le bruit que font des personnes qui pleurent.

Tout ce que je viens de dire s'était passé en moins d'une demi-heure. Madame criait toujours qu'elle sentait des douleurs terribles dans le creux de l'estomac ; tout d'un coup elle dit qu'on regardât à cette eau, qu'elle avait bue, que c'était du poison, qu'on avait peut-être pris une bouteille pour l'autre, qu'elle était empoisonnée, qu'elle le sentait bien, et qu'on lui donnât du contrepoison.

J'étais dans la ruelle auprès de Monsieur, et quoique je le crusse fort incapable d'un pareil crime, un étonnement ordinaire à la malignité humaine me le fit observer avec attention : il ne fut ni ému, ni embarrassé de l'opinion de Madame ; il dit qu'il fallait donner de cette eau à un chien ; il opina comme Madame qu'on allât querir de l'huile et du contrepoison pour ôter à Madame une pensée si fâcheuse ; Mme Desbordes, sa première femme de chambre, qui était absolument à elle, lui dit qu'elle avait fait l'eau, et en but ; mais Madame persévéra toujours à vouloir de l'huile et du contrepoison ; on lui donna l'un et l'autre. Sainte-Foi, premier valet de chambre de Monsieur, lui apporta de la poudre de vipère ; elle lui dit qu'elle la prenait de sa main, parce qu'elle se fiait à lui. On lui fit prendre plusieurs drogues dans cette pensée de poison, et peut-être plus propres à lui faire du mal qu'à la soulager. Ce qu'on lui donna la fit vomir ; elle en avait déjà eu envie plusieurs fois avant que d'avoir rien pris, mais ses vomissemens ne furent qu'imparfaits, et ne lui firent jeter que quelques flegmes, et une partie de la nourriture qu'elle avait prise. L'agitation de ces remèdes, et les excessives douleurs qu'elle souffrait, la mirent dans un abattement qui nous parut du repos ; mais elle nous dit qu'il ne fallait pas se tromper, que ses douleurs étaient toujours égales, qu'elle n'avait plus la force de crier, et qu'il n'y avait point de remède à son mal.

Il sembla qu'elle avait une certitude entière de sa mort, et qu'elle s'y résolut comme à une chose indifférente. Selon toutes les apparences la pensée du poison était établie dans son esprit,

et voyant que les remèdes avaient été inutiles elle ne songeait
plus à la vie, et ne pensait qu'à souffrir ses douleurs avec
patience. Elle commença à avoir beaucoup d'appréhension.
Monsieur appela Mme de Gamaches, pour tâter son pouls ; les
médecins n'y pensaient pas ; elle sortit de la ruelle épouvantée,
et nous dit qu'elle n'en trouvait point à Madame, et qu'elle avait
toutes les extrémités froides ; cela nous fit peur ; Monsieur en
parut effrayé. M. Esprit dit que c'était un accident ordinaire à
la colique, et qu'il répondait de Madame. Monsieur se mit en
colère, et dit qu'il lui avait répondu de M. de Valois, et qu'il
était mort ; qu'il lui répondait de Madame, et qu'elle mourrait
encore.

Cependant le curé de Saint-Cloud qu'elle avait mandé était venu,
Monsieur me fit l'honneur de me demander si on [lui] parlerait
[de se confesser]. Je la trouvais fort mal ; il me semblait que ses
douleurs n'étaient point celles d'une colique ordinaire ; mais
néanmoins j'étais bien éloignée de prévoir ce qui devait arriver,
et je n'attribuais les pensées qui me venaient dans l'esprit qu'à
l'intérêt que je prenais à sa vie.

Je répondis à Monsieur qu'une confession faite dans la vue de
la mort ne pouvait être que très utile, et Monsieur m'ordonna
de lui aller dire que le curé de Saint-Cloud était venu. Je le sup-
pliai de m'en dispenser, et je lui dis que comme elle l'avait
demandé il n'y avait qu'à le faire entrer dans sa chambre. Monsieur s'approcha de son lit, et d'elle-même elle me redemanda
un confesseur, mais sans paraître effrayée, et comme une personne qui songeait aux seules choses qui lui étaient nécessaires
dans l'état où elle était.

Une de ses premières femmes de chambre était passée à son
chevet pour la soutenir ; elle ne voulut point qu'elle s'ôtât, et
se confessa devant elle. Après que le confesseur se fut retiré,
Monsieur s'approcha de son lit ; elle lui dit quelques mots assez
bas que nous n'entendîmes point, et cela nous parut encore
quelque chose de doux et d'obligeant.

L'on avait fort parlé de la saigner, mais elle souhaitait que
ce fût du pied, M. Esprit voulait que ce fût du bras ; enfin
il détermina qu'il le fallait ainsi : Monsieur vint le dire à Madame, comme une chose à quoi elle aurait peut-être de la peine
à se résoudre, mais elle répondit qu'elle voulait tout ce qu'on
souhaitait, que tout lui était indifférent, et qu'elle sentait bien
qu'elle n'en pouvait revenir. Nous écoutions ces paroles comme

des effets d'une douleur violente, qu'elle n'avait jamais sentie, et qui lui faisait croire qu'elle allait mourir.

Il n'y avait pas plus de trois heures qu'elle se trouvait mal. Gueslin, que l'on avait envoyé querir à Paris, arriva avec M. Valet, qu'on avait envoyé chercher à Versailles. Sitôt que Madame vit Gueslin, en qui elle avait beaucoup de confiance, elle lui dit qu'elle était bien aise de le voir, qu'elle était empoisonnée, et qu'il la traitât sur ce fondement. Je ne sais s'il le crut, et s'il fut persuadé qu'il n'y avait point de remède, ou s'il s'imagina qu'elle se trompait, et que son mal n'était pas dangereux; mais enfin il agit comme un homme qui n'avait plus d'espérance, ou qui ne voyait point le danger. Il consulta avec M. Valet et avec M. Esprit, et, après une conférence assez longue, ils vinrent tous trois trouver Monsieur, et l'assurèrent sur leur vie qu'il n'y avait point de danger. Monsieur vint le dire à Madame; elle lui dit qu'elle connaissait mieux son mal que le médecin et qu'il n'y avait point de remède; mais elle dit cela avec la même tranquillité et la même douceur que si elle eût parlé d'une chose indifférente.

Dieu aveuglait les médecins, et ne voulait pas même qu'ils tentassent des remèdes capables de retarder une mort, qu'il voulait rendre terrible. Elle entendit que nous disions qu'elle était mieux, et que nous attendions l'effet de ce remède avec impatience : « Cela est si peu véritable, nous dit-elle, que si je n'étais pas chrétienne, je me tuerais, tant mes douleurs sont excessives : il ne faut point souhaiter de mal à personne, ajouta-t-elle, mais je voudrais bien que quelqu'un pût sentir un moment ce que je souffre, pour connaître de quelle nature sont mes douleurs. »

Cependant ce remède ne faisait rien; l'inquiétude nous en prit; on appela M. Esprit et M. Gueslin; ils dirent qu'il fallait encore attendre; elle répondit que si l'on sentait ses douleurs, on n'attendrait pas si paisiblement; on fut deux heures entières sur l'attente de ce remède, qui furent les dernières où elle pouvait recevoir du secours. Elle avait pris quantité de remède; on avait gâté son lit, elle voulut en changer, et on lui en fit un petit dans sa ruelle; elle y alla sans qu'on l'y portât, et fit même le tour par l'autre ruelle, pour ne pas se mettre dans l'endroit de son lit qui était gâté. Lorsqu'elle fut dans ce petit lit, soit qu'elle expirât véritablement, soit qu'on la vît mieux, parce qu'elle avait les bougies au visage, elle nous parut beaucoup plus mal. Les médecins voulurent la voir de près, et lui apportèrent un flambeau : elle les avait toujours fait ôter, depuis qu'elle s'était trouvée mal.

Monsieur lui demanda si on ne l'incommodait point. « Ah ! non, Monsieur, lui dit-elle. Rien ne m'incommode plus, je ne serai pas en vie demain matin, vous le verrez. On lui donna un bouillon, parce qu'elle n'avait rien pris depuis son dîner ; sitôt qu'elle l'eut avalé, ses douleurs redoublèrent, et devinrent aussi violentes qu'elles l'avaient été lorsqu'elle avait pris le verre de chicorée. La mort se peignit sur son visage, et on la voyait dans des souffrances cruelles, sans néanmoins qu'elle parût agitée.

Le roi avait envoyé plusieurs fois savoir de ses nouvelles ; elle lui avait toujours mandé qu'elle se mourait ; ceux qui l'avaient vue lui avaient dit qu'en effet elle était très mal ; et M. de Créqui, qui avait passé à Saint-Cloud en allant à Versailles, dit au roi qu'il la croyait en grand péril, de sorte que le roi voulut la venir voir, et arriva à Saint-Cloud sur les onze heures.

Lorsque le roi arriva, Madame était dans ce redoublement de douleurs que lui avait causé le bouillon ; il sembla que les médecins furent éclairés par sa présence ; il les prit en particulier pour savoir ce qu'ils en pensaient, et ces mêmes médecins, qui deux heures auparavant en répondaient sur leur vie, et qui trouvaient que les extrémités froides n'étaient qu'un accident de la colique, commencèrent à dire qu'elle était sans espérance, que cette froideur et ce pouls retiré était une marque de gangrène, et qu'il fallait lui faire recevoir Notre-Seigneur.

La reine et la comtesse de Soissons étaient venues avec le roi ; Mme de la Vallière et Mme de Montespan étaient venues ensemble ; je parlais à elles, Monsieur m'appela, et me dit en pleurant ce que les médecins venaient de dire ; je fus surprise et touchée comme je le devais, et je répondis à Monsieur que les médecins avaient perdu l'esprit, et qu'ils ne pensaient ni à sa vie, ni à son salut, qu'elle n'avait parlé qu'un quart d'heure au curé de Saint-Cloud, et qu'il fallait lui envoyer quelqu'un. Monsieur me dit qu'il allait envoyer chercher M. de Condom : je trouvai qu'on ne pouvoit mieux choisir, mais qu'en attendant il fallait avoir M. Feuillet, chanoine, dont le mérite est connu.

Cependant le roi était auprès de Madame. Elle lui dit qu'il

perdait la plus véritable servante qu'il aurait jamais; il lui dit
qu'elle n'était pas en si grand péril, mais qu'il était étonné de
sa fermeté, et qu'il la trouvait grande; elle lui répliqua qu'il
savait bien qu'elle n'avait jamais craint la mort, mais qu'elle
avait craint de perdre ses bonnes grâces.

Ensuite le roi lui parla de Dieu; il revint après dans l'endroit où étaient les médecins; il me trouva désespérée de ce
qu'ils ne lui donnaient point de remèdes, et sur tout l'émétique;
il me fit l'honneur de me dire qu'ils avaient perdu la tramon-
tane, qu'ils ne savaient ce qu'ils faisaient, et qu'il allait
essayer de leur remettre l'esprit. Il leur parla, et se rapprocha
du lit de Madame, et lui dit qu'il n'était pas médecin, mais
qu'il venait de proposer trente remèdes aux médecins; ils répon-
dirent qu'il fallait attendre. Madame prit la parole et dit qu'il
fallait mourir par les formes.

Le roi, voyant que selon les apparences il n'y avait rien à
espérer, lui dit adieu en pleurant. Elle lui dit qu'elle le
priait de ne point pleurer, qu'il l'attendrissait, et que la première nouvelle qu'il aurait le lendemain serait celle de sa
mort....

.... Elle ne tourna jamais son esprit du côté de la vie;
jamais un mot de réflexion sur la cruauté de sa destinée qui
l'enlevait dans le plus beau de son âge, point de questions aux
médecins pour s'informer s'il était possible de la sauver, point
d'ardeur pour les remèdes, qu'autant que la violence de ses
douleurs lui en faisait désirer; une contenance paisible au
milieu de la certitude de la mort, de l'opinion du poison, et
de ses souffrances qui étaient cruelles, enfin un courage
dont on ne peut donner d'exemple, et qu'on ne saurait bien
représenter.

Le roi s'en alla, et les médecins déclarèrent qu'il n'y avait
aucune espérance. M. Feuillet vint; il parla à Madame avec
une austérité entière; mais il la trouva dans des dispositions
qui allaient aussi loin que son austérité. Elle eut quelque scrupule que ses confessions passées n'eussent été nulles, et pria
M. Feuillet de lui aider à en faire une générale; elle la fit avec
de grandes résolutions de vivre en chrétienne, si Dieu lui
redonnait la santé.

Je m'approchai de son lit après sa confession; M. Feuillet
était auprès d'elle, et un capucin, son confesseur ordinaire;
ce bon Père voulait lui parler, et se jetait dans des discours

qui la fatiguaient : elle me regarda avec des yeux qui faisaient
entendre ce qu'elle pensait, et puis les retournant sur ce capucin : « Laissez parler monsieur Feuillet, mon Père, lui dit-elle,
avec une douceur admirable, comme si elle eût craint de le
fâcher; vous parlerez à votre tour. »

· L'ambassadeur d'Angleterre arriva dans ce moment; sitôt
qu'elle le vit, elle lui parla du roi son frère, et de la douleur
qu'il aurait de sa mort; elle en avait déjà parlé plusieurs fois
dans le commencement de son mal. Elle le pria de lui mander
qu'il perdait la personne du monde qui l'aimait le mieux.
Ensuite l'ambassadeur lui demanda si elle était empoisonnée;
je ne sais si elle lui dit qu'elle l'était, mais je sais bien qu'elle
lui dit qu'il n'en fallait rien mander au roi son frère, qu'il
fallait lui épargner cette douleur, et qu'il fallait surtout qu'il
ne songeât point à en tirer vengeance, que le roi n'en était
point coupable, qu'il ne fallait point s'en prendre à lui.

Elle disait toutes ces choses en anglais, et comme le mot de
poison est commun à la langue française et à l'anglaise,
M. Feuillet l'entendit, et interrompit la conversation, disant
qu'il fallait sacrifier sa vie à Dieu, et ne pas penser à autre
chose.

Elle reçut Notre-Seigneur; ensuite Monsieur s'étant retiré,
elle demanda si elle ne le verrait plus; on l'alla querir; il vint
l'embrasser en pleurant; elle le pria de se retirer, et lui dit
qu'il l'attendrissait.

Cependant elle diminuait toujours, et elle avait de temps en
temps des faiblesses qui attaquaient le cœur. M. Brager, excellent médecin, arriva. Il n'en désespéra pas d'abord; il se mit
à consulter avec les autres médecins. Madame les fit appeler;
ils dirent qu'on les laissât un peu ensemble; mais elle les
renvoya encore querir, ils allèrent auprès de son lit; on avait
parlé d'une saignée au pied : « Si on la veut faire, dit-elle, il
n'y a pas de temps à perdre, ma tête s'embarrasse, et mon estomac se remplit. »

Ils demeurèrent surpris d'une si grande fermeté, et voyant
qu'elle continuait à vouloir la saignée, ils la firent faire; mais
il ne vint point de sang, et il en était très peu venu de la
première qu'on avait faite. Elle pensa expirer pendant que son
pied fut dans l'eau; les médecins lui dirent qu'ils allaient faire
un remède; mais elle répondit qu'elle voulait l'extrême-onction
avant que de rien prendre.

M. de Condom arriva comme elle la recevait; il lui parla
de Dieu, conformément à l'état où elle était, et avec cette
éloquence, et cet esprit de religion, qui paraît dans tous ses
discours; il lui fit faire les actes qu'il jugea nécessaires; elle
entra dans tout ce qu'il lui dit, avec un zèle et une présence
d'esprit admirables.

Comme il parlait, sa première femme de chambre s'approcha
d'elle pour lui donner quelque chose dont elle avait besoin;
elle lui dit en anglais, afin que M. de Condom ne l'entendît
pas, conservant jusqu'à la mort la politesse de son esprit :
« Donnez à M. de Condom, lorsque je serai morte, l'émeraude
que j'avais fait faire pour lui. »

Comme il continuait à lui parler de Dieu, il lui prit une
espèce d'envie de dormir, qui n'était en effet qu'une défaillance
de la nature. Elle lui demanda si elle ne pouvait pas prendre
quelques moments de repos, il lui dit qu'elle le pouvait, et qu'il
allait prier Dieu pour elle.

M. Feuillet demeura au chevet de son lit, et quasi dans le
même moment Madame lui dit de rappeler M. de Condom,
et qu'elle sentait bien qu'elle allait expirer. M. de Condom se
rapprocha, et lui donna le crucifix; elle le prit et l'embrassa
avec ardeur; M. de Condom lui parlait toujours, et elle lui
répondait avec le même jugement, que si elle n'eût pas été
malade, tenant toujours le crucifix attaché sur sa bouche;
la mort seule le lui fit abandonner. Les forces lui manquèrent;
elle le laissa tomber, et perdit la parole et la vie quasi en
même temps; son agonie n'eut qu'un moment, et après deux ou
trois petits mouvements convulsifs dans la bouche, elle expira à
deux heures et demie du matin, et neuf heures après avoir
commencé à se trouver mal.

RELATION

DE CE QUI S'EST PASSÉ A LA MORT CHRÉTIENNE DE SON ALTESSE
ROYALE HENRIETTE-ANNE D'ANGLETERRE, DUCHESSE D'ORLÉANS,
PAR M. FEUILLET, CHANOINE DE SAINT-CLOUD.

« Le 29 du mois de juin 1670, à cinq heures du soir,
Madame se trouva fort mal. Elle manda M. notre curé

pour la confesser, ce qu'il fit. Quelque temps après, Monsieur
m'envoya dire de faire prier Dieu pour elle, ce qui fut fait.
J'allai ensuite au château; je montai à la chambre de Madame;
j'approchai de son lit, et je la saluai; mais comme elle ne me
parla point, je me retirai sans lui rien dire.

« A onze heures du soir, elle m'envoya appeler en grande
diligence. Étant arrivé proche de son lit, elle fit retirer tout le
monde, et me dit : « Vous voyez, monsieur Feuillet, en quel
« état je suis réduite. — En un très bon état, Madame, lui ré-
« pondis-je : vous confesserez à présent qu'il y a un Dieu que
« vous avez très peu connu pendant votre vie. — Il est vrai,
« mon Dieu, que je ne vous ai point connu, » dit-elle avec
un grand sentiment de douleur. Cela me donna bonne espérance. Je lui dis : « Eh bien ! Madame, vous vous êtes confes-
« sée ? — Oui, me répondit-elle. — Je ne doute point, lui dis-
« je alors, que vous ne vous soyez confessée d'avoir violé tant.
« de fois les vœux de votre baptême par l'amour que vous
« avez eu pour la grandeur, ayant vécu parmi les délices et
« les plaisirs, les jeux et les divertissements, dans le luxe, les
« pompes et les vanités du siècle, et ayant eu le cœur toujours
« plein de l'amour du monde. — Non, dit-elle, je ne m'en suis
« jamais confessée, et on ne m'a jamais dit que ce fût offenser
« Dieu. — Quoi ! Madame, si vous aviez fait un contrat avec
« un particulier, et que vous n'en eussiez gardé nulle clause,
« ne croiriez-vous pas avoir mal fait ? — Hélas ! oui. — Celui-
« ci, Madame, est un contrat que vous avez fait avec Dieu; il
« a été scellé du sang de Jésus-Christ; les anges, à votre
« mort, vont vous représenter cette promesse : ce sera sur
« cela que vous serez jugée, Madame : vous n'avez jamais su
« la religion chrétienne. — O mon Dieu ! que ferai-je donc ? Je
« le vois bien, mes confessions et mes communions n'ont rien
« valu. — Il est vrai, Madame, votre vie n'a été que péché; il
« faut employer le peu de temps qui vous reste à faire péni-
« tence. — Montrez-moi donc comment il faut que je fasse :
« confessez-moi, je vous en prie. — Volontiers, Madame. »
Pour lors elle se confessa, et je l'aidai, autant que le temps le
put permettre, à faire une confession entière. Dieu lui donna
pendant ce temps des sentiments qui me surprirent : il lui fit
parler un langage qu'on n'entend point dans le monde. Elle
fit des actes de foi et de charité, et demanda si je la jugeais
digne de communier. Elle désira, avec de grandes instances,

de recevoir Notre-Seigneur. Je dis que l'on allât appeler
M. le curé. Pendant ce temps-là, je lui parlai tout haut, et je
lui dis : « Humiliez-vous, Madame ; voilà toute cette trom-
« peuse grandeur anéantie sous la pesante main de Dieu.
« Vous n'êtes qu'une misérable pécheresse, qu'un vaisseau
« de terre qui va tomber et qui se cassera en pièces, et de
« toute cette grandeur il n'en restera aucune trace. — Il est
« vrai, ô mon Dieu! s'écria-t-elle. — Madame, repris-je, c'est
« ici qu'il faut avoir de la confiance. De tous vos péchés passés je
« n'en fais point de compte, pourvu que vous ayez une grande
« douleur de les avoir commis, et une ferme résolution de ne
« plus jamais les commettre. Vous avez péché mille fois, repen-
« tez-vous mille fois. La miséricorde de Dieu ne s'arrête ni à
« l'heure ni au temps : le larron est monté de la croix au ciel. »
Ces paroles remplirent son cœur de consolation et de joie qui
parut sur son visage. Elle demanda le crucifix dont la feue reine
mère s'était servie à la mort, et le baisa fort humblement ; et
je lui dis : « Regardez, Madame, sur cette croix l'auteur et le
« consommateur de votre foi, afin, dit l'Apôtre, que vous ne
« perdiez point courage. Une seule goutte du sang qui est
« sorti de ses veines, mêlée avec une seule de vos larmes, est
« capable d'effacer tous vos péchés et tous les péchés du
« monde. » En ce temps Notre-Seigneur arriva ; elle l'adora
profondément, et dit tout haut : « O mon Dieu, je suis indigne
« que vous veniez visiter une misérable pécheresse comme
« moi. — Oui, Madame, vous en êtes indigne ; mais il vous a
« fait la grâce de préparer lui-même votre cœur avant que
« d'y entrer, par la contrition qu'il vous a donnée. Renouvelez
« votre ferveur en la présence de ce Dieu terrible et miséricor-
« dieux. » On dit les prières accoutumées. Elle dit avec moi
un *confiteor*, et reçut Notre-Seigneur avec un grand respect et
une grande joie, et ajouta : « Je vous prie, pendant que mon
« Dieu me laisse le jugement libre, qu'on me donne l'extrême-
« onction. — Volontiers, Madame. — Eh! mon Dieu, me dit-
« elle, qu'on me fasse la charité de me saigner au pied ;
« j'étouffe. — Laissez, Madame, faire les médecins ; ne pensez
« plus à votre corps ; sauvons seulement votre âme. » Cependant les médecins trouvèrent à propos de la faire saigner, ce
qui fut fait. « Voilà, lui dis-je, Madame, les prémices de ce
« sacrifice qu'il faut offrir à Dieu. Offrez-lui ce sang que vous
« allez répandre comme Jésus-Christ lui a offert celui qu'il a

« répandu sur la croix pour vos péchés. — De tout mon
« cœur, » ajouta-t-elle. Après la saignée, je demandai que l'on
apportât l'extrême-onction. Je la disposai à recevoir ce dernier
sacrement suivant l'intention de l'Église. Elle fit toutes les
prières avec nous. Quand on lui appliquait les saintes huiles,
je lui disais en français : « L'Église demande à Dieu, madame,
« qu'il vous pardonne les péchés que vous avez commis par
« tant de mauvaises paroles, par les plaisirs que vous avez
« pris aux senteurs et aux parfums ; pour avoir entendu tant
« de rapports et de médisances ; par les ardeurs de la concu-
« piscence ; par tant de mauvaises œuvres. On huilait, Ma-
« dame, les athlètes quand ils entraient dans le lieu du combat.
« Vous voilà sur le champ de bataille ; vous avez en tête de
« puissants ennemis ; il faut combattre aidée de la grâce de
« Jésus-Christ, et il faut vaincre. » Elle prit pour lors la croix
et fit de nouveaux actes de foi, d'espérance et d'amour, et
dit : « Mon Dieu, ces grandes douleurs ne finiront-elles pas
« bientôt ? — Quoi ! Madame, vous vous oubliez ! Il y a tant
« d'années que vous offensez Dieu, et il n'y a encore que six
« heures que vous faites pénitence. Dites plutôt avec saint
« Augustin : Coupez, tranchez, taillez ; que le cœur me fasse
« mal, que je ressente dans tous mes membres de très sensibles
« douleurs ; que le pus et l'ordure coulent dans la moelle de
« mes os ; que les vers grouillent dans mon sein : pourvu, mon
« Dieu, que je vous aime, c'est assez. J'espère, Madame, que
« vous vous ressouviendrez des promesses et des protestations
« que vous faites présentement à votre Dieu. — Oui, monsieur,
« je l'espère, et je vous conjure, si Dieu me redonnait la santé,
« ce que je ne crois pas, de me sommer de les exécuter, si
« j'étais assez malheureuse de ne le pas faire. — Madame,
« quoique vous deviez être dans la disposition de souffrir
« davantage, je puis vous assurer que vos peines finiront
« bientôt. — A quelle heure, demanda-t-elle, Jésus-Christ est-il
« mort ? — A trois heures. Ne vous mettez pas en peine de cela,
« Madame ; il faut supporter la vie et attendre la mort en
« patience. »

« En ce temps elle prit le dernier breuvage que lui présen-
tèrent les médecins, et en ce même temps M. de Condom
arriva. Elle fut aussi aise de le voir comme il fut affligé de la
trouver aux abois. Il se prosterna contre terre et fit une prière
qui me charma ; il entremêlait des actes de foi, de confiance

et d'amour. Elle se tourna de l'autre côté. Et comme il eut
cessé, elle lui dit : « Croyez-vous, monsieur, que je ne vous
« entende pas, parce que je me suis tournée ? » Il continua donc.
Elle dit qu'elle eût bien voulu se reposer. Pour lors, M. de
Condom se leva et alla voir Monsieur. Elle se retourna un
moment après vers moi et me dit : « Je vous prie, qu'on ap-
« pelle M. de Condom. » Puis s'adressant à moi, elle me dit :
« Monsieur Feuillet, c'est fait à ce coup-ci. — Eh bien, Ma-
« dame, n'êtes-vous pas bien heureuse d'avoir accompli en si
« peu de temps votre course ? Après un si petit combat, vous
« allez recevoir de grandes récompenses. »

« M. de Condom arriva, mais elle ne parlait plus. Il commença les prières pour les agonisants. Je lui parlais sans cesse,
et en deux ou trois instants, sur les trois heures après minuit,
elle rendit son âme à Dieu. Je prie Dieu qu'il lui fasse miséricorde ; priez aussi Dieu pour elle.

« Madame est morte âgée de vingt-six ans et deux mois. »

RÉCIT

DE LA MORT DE MADAME

TROUVÉ DANS LES PAPIERS MANUSCRITS DE DANIEL DE COSNAC, ARCHEVÊQUE D'AIX, ANCIEN AUMÔNIER DE MONSIEUR[1].

.... M. l'évêque de Condom, que Monsieur avait mandé, étant
venu, elle commanda qu'on le fît approcher ; elle témoigna
satisfaction de le voir. Il lui dit en l'abordant : « Madame,
l'espérance ! » Elle se tourna de son côté et lui répondit : « Je
l'ai tout entière, je suis résolue à la mort, je suis soumise à
Dieu, je veux ce qu'il veut, j'espère en sa miséricorde. » Ce

---

1. Note du comte Jules de Cosnac,
éditeur des *Mémoires* de l'archevê-
que d'Aix (t. I, 1852, p. xlvii) : « Daniel de Cosnac ne fut point témoin
de cette fin touchante, mais l'attachement qu'il avait voué à cette
princesse est un sûr garant du soin
qu'il mit à recueillir des détails
exacts. » Nous ne donnons de cette
relation que les parties où Bossuet
se trouve mêlé, et qui diffèrent des
relations précédentes.

prélat, autant ravi de la pureté de ses sentiments qu'étonné d'un si triste spectacle, se prosterna en terre avec toute l'assistance, et ayant invité Madame à s'unir à son intention, il fit une prière à Dieu pour demander la rémission des péchés par le sang de Jésus-Christ crucifié, représentant à cette princesse que si Dieu nous traitait selon la rigueur de sa justice, nous ne devions attendre que l'enfer et la damnation éternelle; mais qu'elle ne devait espérer que miséricorde et que grâce, pourvu qu'elle mît toute sa confiance au mérite et à la bonté d'un tel Sauveur. Elle dit : « Mon cœur vous répond. — Vous voyez, lui dit-il, Madame, ce que c'est que le monde; vous le voyez par vous-même; n'êtes-vous pas bien heureuse que Dieu vous appelle à son éternité? » Elle témoigna par une action bien marquée qu'elle ressentait ce bonheur.

Il lui fit faire plusieurs actes, à quoi elle répondait toujours par des paroles courtes et précises, et ayant un peu discontinué pour ne la fatiguer pas, Madame lui dit : « Ne croyez pas que je n'écoute point parce que je tourne la tête ; je suis fort attentive, continuez. » Alors lui ayant demandé si elle ne voulait pas professer jusqu'au dernier soupir la foi catholique, apostolique et romaine, elle dit : « J'y ai vécu, et j'y meurs. »

L'ayant avertie que les personnes de son élévation devaient un grand exemple au monde, particulièrement en la présence de Dieu et devant ses autels, qu'il fallait qu'elle lui demandât pardon de toutes les irrévérences qu'elle y avait commises et qu'elle lui en fît réparation, elle dit : « Je le fais de tout mon cœur. »

Madame témoignant qu'elle souffrait beaucoup, il lui dit : « Il faut unir vos souffrances avec celles de Jésus-Christ, en expiation de tant de péchés. » Elle dit : « C'est ce que je tâche de faire. » Et un peu après, lui montrant le crucifix, il lui dit : « Voilà, Madame, Jésus-Christ qui vous tend les bras; voilà celui qui vous donnera la vie éternelle, et qui ressuscitera ce corps qui souffre tant. » Elle répondit : « *Credo! Credo!* » Puis ayant demandé un peu de repos avec ce même sourire et cette même douceur dont elle accompagnait ordinairement ses paroles, cet évêque alla près de la fenêtre Très peu de temps après, elle dit à M. Feuillet : « C'en est fait, rappelez M. de Condom. » Il approcha, et la voyant fort changée, il lui dit en trois mots : « Madame, vous croyez en Dieu, vous espérez en

Dieu, vous l'aimez? » Il lui entendit dire très distinctement :
« De tout mon cœur. » Il lui présenta le crucifix, lui disant
qu'en embrassant Jésus-Christ, elle pratiquait tout ensemble
tous les actes de la piété chrétienne. Elle le prit, le baisa avec
beaucoup de ferveur, et le tint elle-même pressé sur ses
lèvres, jusqu'à ce que son bras tombait par faiblesse et le crucifix en même temps. Il le lui fit encore baiser, disant : « *In
manus tuas....* » Elle avait perdu la connaissance....

TABLE DES MATIÈRES

52186. — Imprimerie Lahure, rue de Fleurus, 9, à Paris.

/33

www.ingramcontent.com/pod-product-compliance
Lightning Source LLC
LaVergne TN
LVHW020952090426
835512LV00009B/1857